L'ASSISTANCE JUDICIAIRE

EN

MATIÈRE CIVILE

ET DES

RÉFORMES QU'ELLE POURRAIT COMPORTER

PAR

VICTOR SENENTE

DOCTEUR EN DROIT

PARIS

ANCIENNE LIBRAIRIE THORIN ET FILS

ALBERT FONTEMOING, ÉDITEUR

LIBRAIRE DES ÉCOLES FRANÇAISES D'ATHÈNES ET DE ROME
DU COLLÈGE DE FRANCE, DE L'ÉCOLE NORMALE SUPÉRIEURE
ET DE LA SOCIÉTÉ DES ÉTUDES HISTORIQUES

4, RUE LE GOFF, 4

1898

L'ASSISTANCE JUDICIAIRE

EN

MATIÈRE CIVILE

ET DES

RÉFORMES QU'ELLE POURRAIT COMPORTER

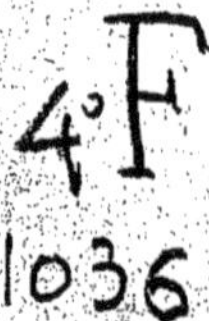

L'ASSISTANCE JUDICIAIRE

EN

MATIÈRE CIVILE

ET DES

RÉFORMES QU'ELLE POURRAIT COMPORTER

PAR

VICTOR SENENTE

AVOCAT A LA COUR D'APPEL DE PARIS
DOCTEUR EN DROIT

PARIS

ANCIENNE LIBRAIRIE THORIN ET FILS

ALBERT FONTEMOING, ÉDITEUR

LIBRAIRE DES ÉCOLES FRANÇAISES D'ATHÈNES ET DE ROME
DU COLLÈGE DE FRANCE, DE L'ÉCOLE NORMALE SUPÉRIEURE
ET DE LA SOCIÉTÉ DES ÉTUDES HISTORIQUES

4, RUE LE GOFF, 4

1898

DE

L'ASSISTANCE JUDICIAIRE

EN

MATIÈRE CIVILE

ET DES

RÉFORMES QU'ELLE POURRAIT COMPORTER

INTRODUCTION

De toutes les questions sociales, celles qui préoccupent le plus à cette époque les savants, philosophes ou jurisconsultes, ont pour but d'améliorer le sort des pauvres, de leur faire une condition meilleure dans la société, en leur accordant certains bénéfices grâce auxquels le principe d'égalité, proclamé en 1789, tend à n'être plus un vain mot. En ce qui concerne l'égalité des citoyens devant la loi et devant la justice, nous avons cru particulièrement intéressant de choisir comme sujet de ce travail l'étude de l'institution connue sous le nom de l'Assistance Judiciaire, dont l'objet est principalement d'assurer cette égalité.

De même, en effet, qu'on a dispensé l'indigent du paiement de l'impôt, de même, grâce à l'institution que nous allons étudier, on a dispensé, au moins provisoirement, l'indigent et tout individu dont les ressources n'ont pas été reconnues suffisantes pour faire face aux frais d'un procès, du paiement des droits de timbre et d'enregistrement, sorte d'impôt frappant tout plaideur au profit du trésor.

La nécessité de l'Assistance Judiciaire, en vigueur en France depuis l'année 1851, seulement, n'est plus à démontrer ; la progression constante du nombre de demandes d'admission à son bénéfice et les résultats obtenus, prouvent, mieux que toute autre démonstration, les services rendus par elle au profit des pauvres.

Mais si l'Assistance judiciaire, institution bonne en elle-même, puisqu'on la voit figurer dans toutes les législations européennes, mérite d'être louée et encouragée ; nous verrons que de nombreuses critiques ont été adressées à son fonctionnement et à l'étendue de son application, en ce qui concerne spécialement les actes d'exécution des jugements ou arrêts obtenus par l'assisté.

Tel sera donc le but de ce travail : étudier les critiques adressées à la loi du 22 janvier 1851 au point de vue spécial de l'extension du bénéfice de l'assistance judiciaire aux actes nécessaires à l'exécution des décisions obtenues par l'indigent assisté ; nous verrons si ces critiques sont fondées et sur quoi elles reposent ; nous examinerons les moyens proposés pour remédier à cet état de choses préjudiciable aux intérêts de l'assisté. Enfin, nous envisagerons la possibilité d'un perfectionnement à y apporter.

Ce qui nous a décidé à choisir, entre toutes les critiques adressées à la loi de 1851, ce point spécial, c'est que de toutes les réformes demandées dans le but de perfectionner le mécanisme de notre institution, celle-ci nous a paru la mieux fondée et appelée, si elle venait à aboutir, à conduire au but que s'était proposé le législateur de 1851, en permettant aux indigents d'exercer complètement leurs droits en justice, l'égalité de tous devant la loi.

Et puis, grâce au peu d'expérience que nous avons acquis par notre travail dans quelques études d'avoués, nous avons pu juger combien la réforme demandée et que nous allons proposer ici, était digne d'être prise en considération comme étant le complément indispensable de la loi du 22 janvier 1851.

Mais nous ne pouvions aborder directement ce point spécial de la question, sans avoir défini ce qu'est l'Assistance Judiciaire, sans avoir exposé son historique, les précédents de la loi générale de 1851 qui nous régit actuellement, la discussion de cette loi devant les Chambres ; enfin sans avoir développé l'organisation, le fonctionnement de l'Assistance Judiciaire dans notre législation et dans les pays étrangers ; et sans avoir commenté la loi du 22 janvier 1851.

Nous allons, dans cette Introduction, indiquer en quelques mots le plan que nous suivrons dans cette étude.

Notre travail comprendra quatre grands chapitres dans lesquels nous traiterons successivement :

Dans un chapitre premier, après une définition aussi brève que possible de l'Assistance Judiciaire, de l'historique de l'idée de défense du droit des pauvres en justice ; nous l'envisagerons rapidement d'abord dans le droit romain, puis dans notre ancien droit français jusqu'à la Révolution de 1789.

Dans notre second chapitre, nous suivrons pas à pas le développement de l'idée d'assistance des pauvres en justice depuis 1789 jusqu'au vote de la loi fondamentale du 22 janvier 1851. Le législateur ayant puisé ses matériaux tant dans les monuments législatifs ou coutumiers de la France que dans les législations étrangères qui avaient devancé de plusieurs siècles notre législation sur la question qui nous occupe, nous jetterons dans un appendice un coup d'œil rapide sur les lois étrangères en vigueur en 1851, lois qui, d'ailleurs, ont peu varié depuis cette époque.

Avec le chapitre troisième, nous aborderons l'étude de notre loi générale et fondamentale du 22 janvier 1851 en suivant l'ordre du texte.

Pour restreindre l'étendue de ce travail et nous permettre d'approfondir davantage cette étude en vue du but que nous nous sommes fixé, nous étudierons l'organisation de l'Assistance Judiciaire et son fonctionnement seulement devant les tribunaux civils et plus spécialement encore devant les tribunaux de première instance. Nous laisserons donc de côté, non pas que la question manque d'intérêt, l'étude de l'assistance judiciaire en matière administrative, de même qu'en matière criminelle ou correctionnelle. Nous insisterons plus longuement sur les effets de l'Assistance Judiciaire, et nous verrons comment et dans quels cas le retrait du bénéfice accordé peut être retiré.

Enfin, dans un quatrième et dernier chapitre, sous la rubrique suivante : des diverses procédures et des actes de chaque procédure auxquels s'applique l'Assistance Judiciaire, *chapitre que nous développerons assez longuement, nous atteindrons au but que nous nous sommes proposé au début de ce travail. Nous serons, en effet, amenés à constater que la dispense du paiement des droits de timbre, d'enregistrement et de tous autres frais, prononcée par la loi de 1851, ne profitera pas aux actes de la procédure postérieurs au jugement pour l'obtention duquel l'assistance judiciaire avait été accordée au plaideur qui a triomphé, sauf cependant la signification du jugement, mais jamais les actes proprement dits d'exécution de la décision rendue au profit de l'assisté. Nous verrons si cette pratique est justifiée, sur quoi elle repose ; nous apprécierons les critiques nombreuses adressées et nous étudierons les réformes proposées.*

Dans un appendice spécial à ce chapitre, réservé à la législation comparée, nous rechercherons s'il existe dans les législations

étrangères des dispositions pouvant nous éclairer et nous guider dans la solution de ce problème.

Enfin, quelque valeur qu'ait notre opinion, si faible soit notre
compétence, après cette étude approfondie et raisonnée de la
question, nous serons conduits à une conclusion, dans laquelle,
après avoir reconnu la nécessité de l'Assistance Judiciaire, approuvé en principe son organisation et son fonctionnement,
nous critiquerons avec la majorité des auteurs la non-extension
de son bénéfice aux actes nécessaires à l'exécution des décisions
obtenues au profit des indigents assistés ; et, timidement, nous
proposerons une réforme possible, un remède pratique à un état
de choses en contradiction flagrante avec le but que s'était proposé le législateur de 1851.

CHAPITRE PREMIER

DÉFINITION. — NOTIONS GÉNÉRALES SUR LA LÉGISLATION
ANTÉRIEUREMENT A LA RÉVOLUTION FRANÇAISE

Le principe qui est la base de l'institution que nous allons étudier étant le principe d'égalité de tous les citoyens devant la loi, nous pouvons, pour définir l'Assistance Judiciaire, dire qu'elle est un bénéfice accordé par la loi aux personnes qui, à raison de leur indigence relative, sont dans l'impossibilité d'exercer leurs droits en justice.

Avant d'analyser les divers éléments qui composent cette définition, nous avons cru indispensable d'exposer un historique rapide de la question. Si nous devions nous en tenir à l'étude de l'institution proprement dite connue sous le nom d'Assistance Judiciaire, il ne faudrait pas remonter au-delà du milieu de notre siècle pour en connaître l'organisation et le développement ; la dénomination même d'Assistance Judiciaire semble dater seulement du 22 janvier 1851, date de la promulgation de notre loi fondamentale et générale *sur l'Assistance Judiciaire*.

Mais l'idée même de la défense des pauvres en justice remonte aux législations les plus anciennes ; elle se révèle en effet déjà dans les lois romaines, d'où elle passa dans notre ancien droit français, pour se développer sans cesse, se manifestant dans des dispositions spéciales, pour faire l'objet plus tard d'une loi d'application générale devenue nécessaire. A Athènes déjà chaque année dix avocats étaient nommés pour défendre les faibles contre les puissants dans les affaires civiles et criminelles.

§ I. — **Droit romain.**

Si nous jetons un coup d'œil en arrière sur la législation romaine, nous y trouvons déjà de nombreuses dispositions dictées en faveur des indigents.

Sous la procédure des actions de la loi, la nécessité d'un cautionnement ou *radimonium*, le mécanisme du *sacramentum* remplacé bientôt par la *sponsio*, formalités qui consistaient dans le déboursé réel d'abord, puis factice plus tard, d'une somme fixe dans une sorte de pari judiciaire, devaient être un obstacle à l'accès des juridictions et des tribunaux pour les citoyens peu fortunés : *qui victus erat summam sacramenti præstabat pœnæ nomine, eaque in publicum cedebat, prædesque eo nomine prætori dabantur* (Gaïus, IV, § 13). Le remède se trouvait naturellement même dans l'organisation de la société à Rome et la division des citoyens en classes. Grâce au fonctionnement des institutions civiles du patronat et de la clientèle, les indigents étaient assurés d'obtenir justice ; en effet, les devoirs de protection incombant au patron vis-à-vis de ses clients comprenaient en premier lieu celui de les aider et assister en justice dans toutes les affaires où ils pouvaient avoir besoin de secours, et spécialement de les conseiller, de leur faire connaître le droit qu'ils ignoraient, de les défendre en justice et au besoin de prendre en mains leurs procès.

A l'époque classique où nous ne connaissons pas encore les huissiers ou *executores,* les actes de procédure ne donnent lieu par eux-mêmes à aucuns frais ; les magistrats et les juges percevant diverses sommes du fisc et faisant, en entrant en fonction, le serment de ne rien exiger des particuliers. Sous la procédure formulaire d'ailleurs, la rédaction même de la formule était un obstacle à la condamnation aux dépens. En effet, de deux choses l'une : si le demandeur succombait, aucune condamnation ne pouvait être prononcée contre lui ; si le défendeur succombait, la formule, d'après son *intentio*, n'autorisait pas le juge à statuer sur les frais du procès. — Si cependant, à raison de sa nature, le procès avait été porté devant le tribunal des *centumvirs*, on avait été engagé par la voie de la *cognitio extraordinaria*, le plaideur qui succombait était condamné à payer à son adversaire le *damnum litis*, c'est-à-dire le montant des frais qu'il n'eût point déboursés s'il n'avait été obligé de plaider, par exemple, les frais de déplacement, et le gain manqué, *lucrum cessans*, comme on disait en droit romain.

Déjà dans la loi Cincia figure, en 204 avant Jésus-Christ, l'interdiction des honoraires des avocats. Cicéron, dans son discours *pro Roscio*, raconte qu'un avoué ou *cognitor*, chargé d'occuper dans un procès roulant sur une somme de 100000 sesterces, en aurait reçu 50000 *pro opera, pro labore quod cognitor fuisset, quod vadimonia obisset* ; s'il faut en croire l'orateur romain, les honoraires que réclamaient les hommes de lois étaient exagérés, précisément peut-être parce que la loi n'avait pas fixé de tarif ni puni ces exactions.

Dans la procédure formulaire la condamnation aux frais est impossible contre le défendeur vaincu dans une action dont la formule contient une *condemnatio certa* ; elle est possible en faveur du demandeur victorieux dans les condamnations *incertæ* ou arbitraires ; mais en pratique elle n'était pas appliquée.

Vers le IIIe siècle après Jésus-Christ, les jurisconsultes romains Papinien, Paul et Ulpien envisageaient déjà la question de la restitution des frais ; mais à vrai dire, en droit romain, elle fut toujours envisagée comme une mesure essentielle pénale, à l'égard du plaideur vaincu, emportant l'idée de *calumnia, pœna litigantium temere*.

Ce n'est qu'avec l'empereur Dioclétien et la procédure extraordinaire qu'apparaissent, à proprement parler, les frais de justice, ce qu'on appelait en droit romain *sportulæ*, ou *impensæ litis* ; c'est de cette époque seulement que datent leur introduction et leur réglementation dans la législation romaine. Le juge, à cette époque, est compétent pour statuer sur la question des frais et dépens comme sur toute autre question du procès qui lui était soumise.

Il n'est pas traité au Digeste de la question des dépens ;

mais le Code, les Institutes et les Novelles de Justinien y font allusion : la loi 13 au Code *de judiciis*, § 9, dispose que les frais et dépens du procès seront supportés en principe par la partie qui succombera dans l'instance : *omnes judices sciant victum in expensarum causa victori esse condemnandum*. C'est également à cette époque que nous voyons apparaître aussi l'usage, si funeste dans notre ancien droit au bon fonctionnement de la justice, des épices, ou présents faits aux juges; usage violemment combattu par l'empereur Constantin qui défendit à tous les ministres de la justice de recevoir aucun cadeau, quelque léger qu'il fût, sous peine de mort. Notons que par faveur spéciale les gouverneurs avaient été autorisés à recevoir des petits présents, qui ne devaient s'étendre qu'à des choses propres à manger ou à boire dans les trois jours. — Justinien vint au contraire autoriser dans ses Novelles 15 et 82 les défenseurs des cités et les juges *pedanés* à prendre quatre écus par chaque sentence définitive. De même les greffiers et tabellions percevaient certains petits salaires appelés *sportulæ*, également autorisés par Justinien, moins sévère en cela que l'empereur Constantin.

Nous voyons donc qu'à Rome, à cette époque, la justice n'était point gratuite et qu'il importait d'en faciliter l'accès aux citoyens pauvres; ce fut la préoccupation des empereurs romains de réduire les frais de justice au profit des indigents et des individus faisant partie de certaines classes, si l'on considère la rubrique des titres : *de proximis scriniorum — de castrensianis*, au Code.

Le principe de l'Assistance Judiciaire, sans être encore

réglementé, est proclamé dans divers textes de lois. La
Novelle 17, cap. 3, de Justinien, enjoint aux magistrats,
dans les causes concernant les indigents, de juger gratuitement, *gratis lites exaudire*, dit le texte. — Disposition
spéciale, la loi unique au Code *quando imperator ante pu-
pillos...* accorde aux indigents, aux veuves et aux pupilles,
le privilège de porter directement au tribunal suprême de
l'Empire, sans appel, et d'y faire évoquer toutes les causes
dans lesquelles ils étaient parties ; faveur qui a passé dans
les provinces du Midi de la France sous le nom de *privilège du for* en vigueur jusqu'à la Révolution. — Ajoutons
que dans l'*edictum perpetuum* qui, suivant la doctrine de
M. Accarias, ne serait qu'une condensation, qu'un abrégé
des dispositions et de la jurisprudence prétoriennes, dont
la rédaction aurait été laissée par l'empereur Adrien aux
soins de Julien, éminent jurisconsulte de l'époque, on ac-
corderait au juge le pouvoir de donner un avocat au plaideur indigent. La loi *nec quisquam* au Code, *advocatos, de
officio proconsulis et legati*, impose d'ailleurs au proconsul
le devoir de donner un avocat à ceux qui lui demandent
de leur en désigner un, et principalement aux femmes,
aux pupilles, aux indigents et incapables ; enfin la loi 1,
§ 4, *de postulando*, déclare que le préteur accordera un
avocat à ceux qui n'en ont pas : *ait pretor, si non habe-
bunt advocatum, ego dabo.* — Toutes ces dispositions ont
passé avec les lois romaines dans notre ancien droit français, principalement dans le Midi de la France ; la Novelle
112, de Justinien, qui enjoignait au demandeur l'obligation de donner caution au défendeur de lui payer la

dixième partie du montant de sa demande, en guise de dépens, au cas où il perdrait son procès, sorte de *cautio judicatum solvi*, a également passé dans notre législation ancienne dont nous abordons maintenant l'étude, au point de vue spécial qui nous occupe.

§ II. — Ancien droit français jusqu'en 1789.

Pendant les douze premiers siècles de la monarchie française, il est à remarquer qu'il n'y eut que les juges ecclésiastiques qui, suivant en cela les lois de Justinien, prononçaient des condamnations aux dépens contre les plaideurs. Dans les juridictions séculières, au contraire, au moyen-âge, durant longtemps il n'y eut pas de condamnation aux dépens, on obligeait chacun des plaideurs à déposer en gage la valeur du dixième de la chose en litige, la partie qui triomphait retirait son gage et le fisc conservait le gage de la partie vaincue. Ou bien encore la partie qui succombait était condamnée par des amendes ou par l'événement du combat en cas de duel judiciaire. — Beaumanoir nous le dit en ces termes : « On ne rend pas les dépens par la coutume de cour laie, mais en la cour de chrétienté les rend cil qui enchiet de quelque cause que ce soit (1). »

Dans les Capitulaires nous rencontrons déjà quelques dispositions législatives au profit des plaideurs indigents : les Capitulaires de 755, 789 et 805 prescrivent aux juges

---

(1) Beaumanoir. — *Coutumes du Beauvoisis*, ch. 33, n° 1, t. I, p. 480.

et aux *missi dominici* de juger sans délai et sans frais les
causes des orphelins, des indigents et des veuves ; les juges
étaient même obligés de donner des avocats aux indigents
(Beaumanoir, *Coutumes du Beauvoisis*, ch. 5, § 13). Le Capitulaire, second de l'année 805, recommande aux juges
d'apporter toute leur attention aux causes intéressant les
veuves, les orphelins et les pauvres ; il leur ordonne de
choisir des avocats aux pauvres, pour empêcher qu'ils ne
soient trompés et opprimés par les juges, et cette disposition est prescrite à peine de destitution. — Le Capitulaire
troisième de l'année 805, ordonne de faire entendre d'abord
les causes des pauvres.

Pendant toute la période féodale, époque des justices
seigneuriales, la question de frais et dépens des procès à
l'égard des plaideurs indigents ne se pose pas : la justice
est rendue par le seigneur non pas gratuitement, mais en
échange de services ; de même si le vassal prête foi et
hommage à son suzerain, s'il lui doit des services, tels que
services de guerre, justice et conseil, le suzerain a, par
contre, certains devoirs envers son vassal, il est soumis à
l'obligation de lui prêter aide et assistance, il le conseille
et doit le soutenir en justice et le protéger en défendant
ses intérêts contre toute attaque ; de même le maître ou
son fondé de pouvoir représentera l'esclave ou le serf devant les juridictions.

C'est, à vrai dire, au xiiie siècle, alors que le roi saint
Louis organisait l'administration de la justice, et abolis-
sait le duel judiciaire dans ses domaines, que remonte
dans notre ancien droit l'origine des frais de procès, par

l'obligation imposée aux parties de recourir à l'intermédiaire de conseils ou *procureurs*. Le principe de la condamnation aux dépens était déjà consacré dans les *établissements de Saint-Louis*, du moins dans certains cas spécialement désignés ; principe d'ailleurs emprunté au droit canonique et romain. Plus tard, les coutumes de Paris, d'Orléans, de Touraine et d'Anjou déclarent que dans la plupart des cas « cil qui perdoit son procès devait rendre « à l'autre ses dépens et son coût ». La législation est muette jusqu'au règne de Charles V, dit le Bel.

Une ordonnance de 1324, rendue, en effet, par Charles V, contenant réglementation sur l'administration de la justice aux requêtes du palais, les devoirs des magistrats, ceux des avocats et des sergents, mérite d'être reproduite ici en ce qui touche la défense des pauvres en justice ; l'article 6 de cette ordonnance est ainsi conçu : « Nous vou- « lons et commandons estroictement que tous les advocas et « procureurs fréquentans et qui fréquenteront le siège « desdites requêtes, soient au conseil, pour Dieu, des « povres et misérables personnes qui y plaident et y plai- « deront ; et que en ce nosdites gens contraingent lesdits « avocas et procureurs ; et que à telles et pour telles povres « et misérables personnes, nosdites gens, quand les cas y « escherront, facent pour Dieu, leurs requêtes et pièces, « et les ayent diligemment et les délivrent briefve- « ment ».

Cette ordonnance de 1324 introduit, en outre, dans le Parlement pour s'étendre dans les pays de coutumes la règle *victus victori* en enjoignant aux juges de condamner aux dépens la partie qui perdrait son procès (1).

Malgré que la justice fut rendue gratuitement par les magistrats qui recevaient leurs salaires du roi et non des plaideurs, un usage fort critiquable que nous avons déjà rencontré à Rome à l'époque de Justinien et que Plutarque nous dit avoir existé antérieurement à Athènes, sous le nom de *prytanées* ou petits salaires attribués aux juges par Périclès, aux dépens des plaideurs, nous voulons parler des *épices*, s'introduisit en France à peu près à cette époque, et dès le règne de saint Louis. La critique faite de cet usage est si bien fondée que dès cette époque une ordonnance de 1302 vint défendre aux magistrats de recevoir quoique ce soit de l'une ou de l'autre des parties engagées dans les procès qu'ils ont fonction de juger. Certaines amendes, il est vrai, étaient perçues au profit des juges ; mais il ne faut pas les confondre avec les épices ; en effet, si nous les comparons, nous distinguons de suite entre elles une très notable différence, à savoir que les épices étaient offertes aux juges avant le jugement, tandis que l'amende n'était que la conséquence de la condamnation même, et par conséquent n'était pas laissée à l'appréciation, à la générosité, nous pouvons le dire, des plaideurs.

Au mépris de l'ordonnance de 1302 et bientôt après cette date, nous voyons apparaître à nouveau la coutume des épices, favorisée par quelques dispositions législatives parmi lesquelles nous pouvons citer un édit de Philippe de Valois du 11 mars 1344, permettant aux commissaires

(1) Glasson. — *Histoire du droit et des institutions de la France*, t. VI, p. 571, etc.

du parlement de percevoir chacun dix sols parisis par
jour pour la taxe des dépens ou pour l'audition des témoins
outre leur traitement fixé par le roi et perçu sur le fisc.
Ainsi autorisé, le régime des épices se développa rapidement : le juge qui, au début, recevait des plaideurs des ca-
deaux en denrées, confitures, dragées, etc., fut bientôt
amené à recevoir de l'argent, à tel point même que la
partie qui gagnait son procès, n'ayant aucun recours
contre son adversaire pour le remboursement des épices,
ne rentrait pas toujours dans ses déboursés. — Des plaintes
s'étaient déjà élevées contre cet usage ; en 1483, aux Etats
de Tours, on se plaignit de ce que la vénalité des offices
entraînait les titulaires de ces offices à percevoir de
« grandes et excessives épices » ; néanmoins les abus se
continuaient. Dans l'assemblée des grands du royaume
convoquée à Moulins, en 1566, le chancelier Michel de
l'Hôpital propose de donner des gages honorables aux
juges et de leur défendre ensuite de recevoir ni épices, ni
présents. De dons volontaires en nature, les épices devin-
rent des dons forcés et en argent; et bientôt ils devaient
figurer au rang des frais et dépens du procès. Ce résultat
inique fut atteint par un règlement du 18 mai 1402, qui
décida que désormais les épices entreraient en taxe ; suivant un règlement bien postérieur de 1673, la taxe des
épices était faite par le président de la compagnie, prési-
dial, bailliage, sénéchaussée ou prévôté.

Une étude fort intéressante de M. D. Neuville (1) sur

(1) D. Neuville. — Le Parlement royal à Poitiers. *Revue historique*,
t. VI, p. 21.

l'histoire et l'organisation du Parlement royal à Poitiers, nous montre comment, le 6 février 1433, pour mettre fin aux abus commis par les membres du Parlement relativement aux épices, le Parlement de Poitiers décida l'interdiction formelle de ces dons ; puis, le 7 février 1433, dans une délibération soit disant interprétative de la précédente, mais, en réalité, toute en contradiction avec elle, le même Parlement de Poitiers admet en principe les épices, mais exige qu'elles soient taxées. Enfin, le 11 février, le Parlement se ravise et décrète une enquête contre ceux qui avaient divulgué, dit-il, ses *secres domestiques*. Quoi qu'il en soit, les conseillers prêtaient serment de ne plus recevoir de *dons corrumpables*.

Cet état de choses, en ce qui concerne l'usage des épices, se conserva en s'aggravant jusqu'à la Révolution, qui, au rang des grands principes, fit figurer celui de la gratuité de la justice. Nous assistons donc, pendant toute la durée de l'ancien régime, à ce fait antisocial du plaideur vaincu, condamné à payer les frais et émoluments dûs aux huissiers, procureurs, avocats et greffiers, mais encore obligé de rétribuer les juges qui l'avaient condamné.

Quelle était, sous ce régime, où le riche était visiblement favorisé, la situation faite aux indigents ? Dans l'impossibilité où ils se trouvaient, si leur cause était bonne, de faire l'avance du montant des épices, ils étaient à la merci de leurs adversaires plus fortunés, capables de gratifier leurs juges conformément à l'usage. Les Parlements durent venir en aide aux indigents en réglementant sur quelques points la question des épices. Les Parlements de

Toulouse, 31 octobre 1550, d'Aix, 26 octobre 1671, faisaient défense aux juges de percevoir des épices de parties qu'ils savaient pertinemment être pauvres, ou des hôpitaux ; l'article 12 de l'édit de 1673 décide que les avocats et les procureurs du roi ne pourront pas percevoir d'épices dans les cas où il est défendu aux juges d'en recevoir.

De même, d'après le tarif du 23 mai 1778, les épices étaient déclarées privilégiées et, par conséquent, devaient être perçues sur le montant de la condamnation, de préférence à tous les autres frais du procès ; ajoutons immédiatement qu'il était de règle que la prononciation des jugements ne pût être différée faute du paiement des épices, que même les juges n'avaient pas le droit de les faire consigner avant que le jugement soit rendu (Déclaration du 27 février 1683).

Ce sont là, avant la suppression des épices, les seules dispositions tendant à dispenser les indigents du paiement de cette partie des frais représentant le prix nécessaire pour obtenir, des gens de justice, l'examen d'un procès.

A côté des dépens qualifiés d'épices, que nous venons d'envisager tout spécialement et qui ont disparu de notre législation, figuraient, et figure encore, à la charge de la partie qui perdait son procès, les frais et honoraires dûs aux huissiers, procureurs, avocats et greffiers, à tous les gens de robe, en un mot, auxiliaires forcés de la justice. L'indigent qui succombait devait-il supporter cette partie considérable des frais? Voyons si nous rencontrerons au cours de notre ancien droit des dispositions législatives ou coutumières empreintes de l'idée qui dicta notre loi de 1851 sur l'Assistance Judiciaire.

Des frais et dépens.

Nous venons de voir que l'ordonnance de Charles V, de 1324, imposait dans ses articles 6 et 7 aux avocats, procureurs et conseillers de toutes sortes, l'obligation de plaider et de faire tous actes de procédure *pro Deo* en faveur des pauvres.

Un édit de François Ier, du 30 août 1536, ordonne que la justice soit rendue rapidement dans les affaires intéressant les indigents.

Une ordonnance de novembre 1563 prescrit la consignation d'une certaine somme de deniers pour ceux qui voudront plaider « fors et exceptez, dit le texte, en tous les pauvres, les hôpitaux et les maladreries ».

Nous présentons ici, sans commentaire aucun, la suite des textes que nous avons rencontrés au cours de nos recherches et rentrant dans l'historique de notre sujet que nous avons voulu faire succinctement, sans approfondir aucun des textes cités, d'autant plus que les mesures prescrites furent, le plus souvent, inefficaces.

Citons encore dans la coutume réformée de 1552, promulguée par Henri II en 1564, cette disposition formelle extraite du texte même : « tou juge es tengut de bailla ad-« voucat a qui non a, et si laudit advoucat réfuse, pôt esta « privat de la postulation en ladite cour per deux ans ».

Quelques dispositions de droit canonique méritent également de figurer parmi les textes dont l'influence fut incontestable sur le développement de l'idée d'assistance en faveur des pauvres : le concile de Latran, réuni en 1179, tout en interdisant dans son canon XII aux moines et aux réguliers de plaider devant les juges séculiers, le leur permettait spécialement *pro miserabilibus personis*. Un demi-siècle plus tard, le concile de Toulouse, en 1229, prescrivait aux juges ecclésiastiques de pourvoir les pauvres en justice de défenseurs *propter caritatem*.

Enfin Henri IV, dans un édit important de 1610 sur l'organisation de la justice, vint généraliser l'ordonnance de 1364 qui ne recevait application que devant quelques juridictions ; il enjoignit aux tribunaux de commettre des avocats et des procureurs « en tel nombre qu'il sera avisé « selon la grandeur et la nécessité de chacune cour ou « siège » dans le but de venir en aide aux indigents qui auraient des droits à faire valoir en justice. Cette disposition n'a d'intérêt qu'au point de vue historique ou purement doctrinal, elle nous montre seulement que le souci de subvenir à la défense des pauvres était déjà dans les mœurs de cette époque ; nous croyons, en effet, que l'édit de 1610 ne reçut jamais d'application pratique sur le point spécial qui nous occupe ; rien ne permet d'établir qu'il fut en France à cette date institué des offices particuliers pour les avocats et procureurs des pauvres. Cette conception de l'avocat des pauvres, si elle ne fut pas alors réalisée, ne disparut pas complètement, car nous la verrons bientôt reparaître presque intégralement dans la loi des Etats Sardes.

Nous arrivons ainsi à la grande ordonnance d'avril 1667, qui guida sur bien des points notre législateur de 1808, dans la rédaction du Code de Procédure Civile. Le principe de l'article 130 de ce Code, qui dit que toute partie qui succombe sera condamnée aux frais (1), est puisé dans l'article 1 du titre XXXI de l'ordonnance de 1667, qui s'exprime ainsi : « toute partie principale ou intervenante « qui succombera, même aux renvois, déclinatoires, évo- « cations ou règlements de juges, sera condamnée aux « frais indéfiniment, nonobstant la proximité ou autres « qualités des parties, sans que, sous prétexte d'équité, « partage d'avis ou quelqu'autre cause que ce soit, elle en « puisse être déchargée ». Cette règle générale, sous prétexte d'équité, est formelle et semble ne souffrir aucune exception ; on voulait par cette disposition éviter les abus par lesquels une partie assurée, grâce à des influences diverses, de n'être point condamnée aux dépens, pouvait traîner son adversaire de tribunaux en tribunaux jusqu'à l'obliger à abandonner le procès. En outre, défense était faite aux juges par cette même ordonnance de recevoir des épices dans les affaires sommaires, et dans celles qui n'excédaient pas la valeur de cent livres ou se jugeaient à l'audience même. Citons ici pour mémoire l'article 4 du même titre XXXI de l'ordonnance de 1667 qui, pour mettre fin aux abus qui s'étaient produits, abrogeait un arrêt du 12 avril 1667, faisait défense aux greffiers de délivrer la

(1) Article 130. — Toute partie qui succombera sera condamnée aux dépens.

grosse du jugement avant le paiement des épices. Nous ne pouvons que constater que l'ordonnance de 1667 est muette au sujet de la faveur accordée à l'indigent pour faire valoir ses droits en justice.

Cependant nous avons pu remarquer, dès avant l'époque de la Révolution, que dans quelques villes de France, rares, il est vrai, un ou plusieurs membres du barreau, connus sous le nom d'*avocats des pauvres*, étaient chargés de prendre en main les intérêts des indigents, de les conseiller et de les guider ; le plus souvent ces avocats des pauvres recevaient de fondations pieuses des honoraires fixes annuels. Cette pratique de l'avocat des pauvres a son origine dans le fait suivant : dans son testament du 25 février 1459, Louis Raoul, avocat à Nîmes, décédé en 1484, institua suivant ses propres termes « pour ses héritiers « les pauvres, les veuves, les orphelins, les pupilles et les « personnes peu fortunées qui, pour poursuivre ou pour « défendre leurs droits, n'auront ni secours, ni conseils, « en un mot qui auront à plaider devant les cours de « Nîmes, de telle sorte qu'à l'avenir et à perpétuité dans « la ville de Nîmes, il y avait un avocat chargé de pour- « suivre, de soutenir et de défendre les droits des pauvres »· Cet avocat des pauvres a subsisté aussi pendant la Révolution. Boucher d'Argis nous raconte que les avocats au Parlement de Paris avaient entre eux établi l'usage de consacrer un jour de chaque semaine à donner publique- ment et gratuitement des consultations à tous les pauvres qui en auraient besoin ; cet usage se continua jusqu'en 1791 et réapparut avec la reconstitution de l'ordre des avocats ;

il subsiste toujours sous le nom de consultations gratuites données par les avocats stagiaires, désignés à tour de rôle sous la direction d'avocats inscrits au tableau. La Roche Flavin, dans ses *Treize Livres des Parlements de France*, de 1617, nous dit que le juge doit contraindre l'avocat à plaider gratis pour un pauvre homme qui n'a rien, et « doibt le juge plustôt du sien fournir cette dépense » (1).

Au parlement de Grenoble et dans les tribunaux de son ressort, si l'on en croit Guy Pape et Mathœus son annotateur, nous apprenons qu'un avocat et un procureur étaient commis par les magistrats pour représenter les indigents et plaider gratuitement leurs procès, à peine d'être privés de la postulation, et Mathœus ajoute que lorsqu'un pauvre plaidait contre un riche, le juge devait contraindre ce riche à procurer à ses frais un avocat à son adversaire indigent. Nous ne savons quelle foi ajouter à cette dernière information, qui, si elle est spéciale au parlement de Grenoble, n'a de valeur qu'à titre de simple renseignement.

Ce qu'il est intéressant de constater comme historique de notre question, c'est que dans notre ancienne France le plaideur indigent n'était pas livré sans secours aux agressions d'un adversaire plus puissant. Le principe de la dispense des frais de justice pour l'indigent était proclamé et mis en pratique dans certaines parties du royaume, il ne restait plus qu'à le généraliser.

Mais cette réforme, depuis longtemps déjà demandée et dont l'esprit avait pénétré les mœurs du temps, fut lente à

(1) LA ROCHE FLAVIN. — Livre III, ch. 3, n° 32, p. 57. *Les Treize Livres des Parlements de France.*

aboutir. La Révolution de 1789 fit en réalité le premier grand pas en avant en proclamant le principe de la gratuité de la justice ; des lois successives vinrent ensuite donner à l'indigent l'assistance gratuite d'un avocat, puis d'un avoué ; dans certains cas on le dispensa des droits de timbre et d'enregistrement. Mais ce n'étaient encore là, comme nous le verrons, que des dispositions particulières, qui préparaient une généralisation que la loi du 22 janvier 1851 établit et pour laquelle nous fûmes devancés par la plupart des législations étrangères.

Nous allons voir en peu de mots quelle fut l'œuvre de la Révolution Française et comment elle se manifesta au point de vue de la défense des pauvres en justice.

CHAPITRE II

DE L'EXERCICE DU DROIT DES PAUVRES EN JUSTICE DEPUIS 1789
JUSQU'A LA LOI DU 22 JANVIER 1851

Au milieu de l'écroulement de l'édifice seigneurial, et tandis qu'on proclamait l'abolition des privilèges, on supprimait par ce fait les juridictions seigneuriales. M. de Richer, représentant de la noblesse à l'Assemblée Nationale exposant et développant tous les bienfaits que l'extinction des justices seigneuriales devait faire espérer au peuple à titre de soulagement aux misères passées, demande que l'Assemblée vote la gratuité de la justice dans tout le royaume, tout en maintenant certaines précautions de nature à éteindre l'esprit de chicane et à éviter la lenteur indéfinie des procès. L'abolition des justices seigneuriales, la déclaration de l'établissement prochain d'une justice gratuite, et la suppression de la vénalité des offices sont arrêtées et votées dans la nuit du 4 août.

L'article 7 de la loi des 4, 6, 7 et 8 août 1789 est ainsi conçu : « La vénalité des offices de judicature et de muni-

« cipalité est supprimée dès cet instant. *La justice sera rendue gratuitement.* » L'abolition des épices venait d'être proclamée, les juges devenaient dès lors des fonctionnaires d'Etat. C'est d'ailleurs ce que dit en propres termes l'article 2 du titre II du décret des 16 et 24 août 1790 : « La vénalité des offices de judicature est abolie pour toujours ; *les juges rendront gratuitement la justice et seront salariés par l'Etat.* » La gratuité de la justice est désormais un grand principe constitutionnel, qui figure dans la Déclaration des droits de l'homme et du citoyen, préambule de la Constitution Française des 3 et 14 septembre 1791, à l'article 2 du chapitre V ainsi conçu : *La justice sera rendue gratuitement* ».

Reportons-nous pour un instant au sein de l'Assemblée Nationale, lors de la discussion du projet de loi sur l'organisation judiciaire, et donnons la parole à Bergasse, député de Lyon aux Etats-Généraux, rapporteur des travaux du comité de constitution sur l'organisation judiciaire, à la séance du 17 août 1789 : « Le pouvoir judiciaire sera mal « organisé si la justice n'est pas gratuitement rendue, car « la justice est une dette de la société et il est absurde « d'exiger une rétribution pour acquitter une dette. De « plus, si la justice n'était pas gratuite, elle ne pourrait « être réclamée par celui qui n'a rien ; et afin que la liberté existe dans un empire, il faut que celui qui n'a rien « puisse demander justice comme celui qui a ; il faut former des institutions qui mettent celui qui n'a rien en état « de lutter avec égalité de force contre celui qui a (1). »

(1) *Moniteur Universel.* Séance du 17 août 1789.

Après celle de 1791, toutes les Constitutions qui suivirent, celles de 1793, de l'an III, de frimaire an VIII, proclamèrent à nouveau le principe de l'égalité et de la gratuité de la justice pour tous les citoyens. La Charte du 6 avril 1814 s'exprime ainsi dans son article premier : « Les Français sont égaux devant la loi, quels que soient « d'ailleurs leurs titres et leurs rangs. » De même la Charte du 9 août 1830. — Citons enfin l'article 81, chapitre VIII, de la Constitution Républicaine du 4 novembre 1848 : « La justice est rendue gratuitement au nom du « peuple français. »

Le principe de la gratuité de la justice, de la justice égale pour tous, était évidemment proclamé. Mais ceux qui envisageaient en particulier la situation faite aux pauvres ne se déclaraient pas satisfaits, c'était avec raison. En effet, si la justice était rendue aux frais de l'Etat par les juges, si la vénalité des offices avait été abolie ainsi que l'usage des épices, restait encore à la charge du plaideur même indigent les frais nécessaires à la mise en mouvement du rouage gratuit qu'était la justice ; autrement dit, le plaideur était tenu de faire l'avance des droits de timbre et d'enregistrement des actes de la procédure faits à sa requête, des droits de greffe et des salaires dûs aux huissiers, procureurs et avocats, frais qui toujours étaient considérables. La gratuite de la justice n'était donc pour certains qu'un vain mot, puisque le pauvre, incapable de faire l'avance nécessaire au fonctionnement de la justice, était dans l'impossibilité matérielle de faire valoir ses droits, fussent-ils justifiés et incontestables, en justice.

Socrate, il est vrai, a dit qu'on devrait rendre les dépens des procès très considérables pour empêcher le peuple de plaider. Nous croyons qu'il ne faut pas chercher dans l'augmentation du chiffre des dépens la diminution du nombre des procès ; toute contestation au contraire doit être jugée promptement et à peu de frais.

Pourquoi donc, puisque le principe est que la justice est rendue gratuitement, n'a-t-on pas fait de tous les auxiliaires indispensables à l'exercice de la justice des fonctionnaires salariés par l'Etat, comme les magistrats eux-mêmes ? A cela nous pouvons répondre que l'exercice absolument gratuit de la justice eût été une trop lourde charge pour l'Etat, que bien au contraire les frais de justice, de timbre et d'enregistrement étaient un impôt prélevé sur la fortune des plaideurs et pour l'Etat une source de revenus ; au lieu qu'avec l'absolue gratuité de la justice, le timbre et l'enregistrement eussent été supprimés, l'Etat eût dû appointer avoués, huissiers, avocats, etc. Mais, dirons-nous, si dans les frais de justice rentre une question d'impôt perçu au profit du trésor, il aurait fallu dispenser l'indigent du paiement de cet impôt.

Nous allons étudier rapidement ici ce qui fut fait dans ce but depuis la Révolution jusqu'à la loi fondamentale du 22 janvier 1851.

A l'Assemblée Nationale, le 17 août 1789, Bergasse, rapporteur du projet de loi sur la réorganisation judiciaire, dans son discours que nous avons eu déjà l'occasion de citer, parlant de la composition des tribunaux, s'exprimait en ces termes : « Il y aura un comité de charité composé

« de jurisconsultes pour défendre les intérêts des pauvres.
« Tout citoyen pauvre pourra faire plaider sa cause par
« l'un des avocats du roi et, à cet effet, d'année en année,
« à tour de rôle, l'un des avocats du roi sera chargé de
« plaider la cause des pauvres (1). » Le projet de loi tel qu'il
était conçu n'aboutit pas ; mais ce que nous devons constater, c'est que l'idée d'un comité de charité avait été exprimée et développée devant l'Assemblée Nationale ; idée
qui germa lentement, il est vrai, dans les esprits puisqu'elle ne trouvait en réalité sa consécration parfaite
qu'en janvier 1851.

La proposition du représentant Bergasse apparaissait
déjà nettement dans la disposition suivante de l'article 8,
au titre X du décret des 16, 24 août 1790 : « Le bureau de
« paix du district sera en même temps bureau de jurispru-
« dence charitable, chargé d'examiner les affaires des
« pauvres qui s'y présenteront, de leur donner des conseils
« et de défendre ou faire défendre leurs causes. » Les conseils, remarquons-le bien, étaient ou devaient être donnés
gratuitement, mais nous ne trouvons rien dans ce texte
que nous venons de rapporter qui dispense les indigents
du paiement des frais de justice.

Nous allons trouver dans l'arrêté du 13 frimaire an IX,
qui institue près de chaque tribunal d'appel ou de première instance et en règle les attributions, un précédent
sérieux de la loi du 22 janvier 1851. Nous nous contente-
rons de transcrire ici, presque sans commentaire, les dis-

(1) *Moniteur Universel.*

positions qui touchent plus spécialement à l'objet de notre
étude, ne figurant ici, qu'à titre purement historique.

Les attributions de la Chambre des avoués seront entre
autres, dit l'article 2, § 5, de cet arrêté du 13 frimaire an
IX : « De former dans son sein un bureau de consultations
« gratuites pour les citoyens indigents, dont la Chambre
« distribue les affaires aux divers avoués, pour les suivre,
« s'il y a lieu ». Nous lisons ensuite à l'article 7, § 2, de ce
même arrêté que, outre les fonctions spéciales à quelques
membres de la chambre des avoués, chacun est sous-dé-
légué « pour l'examen et la consultation des affaires des
« indigents, qui lui sont réparties par le président de la
« Chambre, à laquelle il les renvoie, avec son avis pour,
« s'il y a lieu, être par le président distribuées aux divers
« avoués ».

Enfin l'article 18 nous apprend qu' : « Il y a une bourse
« commune pour les dépenses des bureaux de la Chambre,
« et que les fonds qui se trouvent dans la bourse commune
« au-delà des dépenses annuelles sont réservés et em-
« ployés par la Chambre pour subvenir aux besoins des
« pauvres qu'elle croit avoir le plus de droits à la bienfai-
« sance des avoués ».

L'institution des bureaux de paix et de conciliation est
demeurée presqu'à l'état de projet et n'a jamais excercé
aucune influence sérieuse sur les procès dans lesquels les
indigents étaient en cause.

A côté et en parallèle avec l'arrêté du 13 frimaire de l'an
IX qui organise les Chambres des avoués et fixe leurs attributions, nous pouvons faire figurer le décret du 14 dé-

cembre 1810 portant règlement sur l'exercice de la profession d'avocat et la discipline du barreau, décret qui règle les droits et devoirs des avocats, leur inscription au tableau, organise le conseil de discipline et en détermine les attributions ; ce décret édicte, touchant l'objet de ce travail, des dispositions analogues à celles de l'arrêté du frimaire an IX en faveur des indigents.

Nous nous bornerons ici encore à transcrire les articles de ce décret qui nous intéressent. L'article 24 est ainsi conçu : « Le conseil de discipline pourvoiera à la défense « des indigents par l'établissement d'un bureau de consul- « tation gratuite, qui se tiendra une fois par semaine. « Les causes que ce bureau trouvera justes seront par lui « envoyées avec un avis au conseil de discipline qui les « distribuera aux avocats à tour de rôle ». Ce même article 24 continue en recommandant au barreau d'apporter la plus grande attention à ces consultations gratuites, aux avocats stagiaires de suivre exactement les assemblées du bureau de consultation gratuite, et enfin aux procureurs de la République de veiller à la stricte exécution de cet article.

Plus loin, l'article 41 de ce même arrêté édicte une disposition également importante en faveur des pauvres: « Si en matière civile une partie ne trouvait pas de dé- « fenseur, le tribunal lui désignera d'office un avocat, s'il « y a lieu » ; la partie qui ne trouvera pas de défenseur sera le plus souvent une partie indigente, c'est-à-dire que la disposition précédente intéressait surtout les plaideurs nécessiteux.

Remarquons enfin que les mêmes obligations étaient imposées aux Chambres des notaires et des huissiers, dont les présidents ou les syndics devaient désigner d'office les membres de leurs chambres pour prêter à titre gratuit leur ministère dans les affaires concernant les indigents.

C'est assurément dans ces dispositions générales de l'arrêté de l'an IX pour les avoués et du décret de 1810 pour les avocats, qu'il faut chercher la base de notre système de protection des pauvres en justice tel qu'il a été organisé par la loi du 22 janvier 1851 ; quoique de grands progrès aient encore été réalisés entre la période de 1810 et l'époque de la loi de 1851, progrès dans la réalisation desquels nous avons été précédé, comme nous le verrons bientôt, par la plupart des législations étrangères.

Nous allons envisager un moment la situation faite à l'indigent par ce système de protection qui subsista jusqu'à la loi de 1851, sauf quelques améliorations n'embrassant que des espèces particulières sur lesquelles nous ne dirons que quelques mots.

Pour expliquer la mauvaise réglementation apportée à cette époque à la protection des pauvres en justice, on a dit souvent et répété que les procès dans lesquels les indigents étaient parties devaient se rencontrer bien rarement ; qu'en effet la fortune mobilière, dont les plus petites parcelles sont maintenant accessibles à toutes les bourses, était encore peu développée ; que la propriété non plus, par l'effet des lois de succession, n'était pas encore bien divisée. Nous croyons cette explication peu sincère, car si nous laissons de côté les procès qui mettent en jeu

des intérêts pécuniaires, il nous faut faire figurer toutes
les questions d'Etat, mariage, divorce, désaveu, puissance
paternelle, reconnaissance d'enfants naturels, rectification ou reconstitution des actes de l'état civil, questions
qui intéressaient également les classes peu fortunées et
les classes riches de la société. La situation du pauvre qui
voulait ester en justice était donc, même à cette époque,
bien digne de faveur.

Nous venons de voir avec les textes que des bureaux de
consulations gratuites avaient été ouverts aux indigents
par les Chambres d'avoués et les conseils de discipline de
l'ordre des avocats. L'indigent confiant dans la cause qu'il
soutenait se présentait devant le bureau de la Chambre
des avoués, où l'affaire était examinée ; alors, de deux
choses l'une, ou la prétention de l'indigent n'était pas reconnue bien fondée, auquel cas il devait renoncer à faire
valoir son droit en justice ; ou bien sa prétention était
bien fondée, la décision du bureau de consultation était
alors renvoyée au président de la Chambre des avoués,
qui désignait un de ses confrères, chargé de diriger l'affaire et d'occuper pour le plaideur indigent. Mêmes formalités devant le conseil de discipline dont le bâtonnier,
après la décision de son bureau de consultations gratuites, désignait d'office un avocat à l'indigent. Si ce bureau
n'avait pas reconnu le bien fondé de la prétention du postulant, comme dernière ressource, le président du tribunal devant lequel l'affaire était portée, nommait d'office,
en vertu de l'article 41 du décret du 14 décembre 1810,
un défenseur à l'indigent.

Mais nous sommes frappés de ce fait que si l'avocat prête gratuitement à l'indigent l'appui de son talent, cette assistance ne nécessite de sa part l'avance d'aucuns frais ; tandis que l'avoué est obligé de faire personnellement l'avance des frais parfois considérables du procès, à savoir les droits de timbre, d'enregistrement, de greffe et les salaires dûs aux officiers ministériels. L'arrêté de frimaire an IX dans son article 18 prescrivait, il est vrai, d'employer l'excédent des fonds de la bourse commune des avoués sur les dépenses annuelles à subvenir aux besoins des pauvres, en remboursant aux avoués les frais ou partie des frais par eux avancés pour les procès des indigents. Mais cette bourse commune pouvait ne pas être suffisante pour couvrir ces dépenses, et les procès des indigents trop nombreux pour que les frais dont ils avaient occasionné l'avance pussent être intégralement acquittés. Ce défaut de ressources se présenta parfois et souvent devant les Chambres d'avoués près les tribunaux de province à cause du plus petit nombre d'affaires et de la différence de tarif.

L'avoué chargé d'une affaire concernant un indigent se voyait donc exposé à supporter les frais de l'instance avancés par lui ; il y avait ainsi pour l'avoué commis une lourde charge, dont l'Etat eût dû le dégrever en partie en dispensant, comme il le fait maintenant, les actes faits à la requête des indigents des droits de greffe, de timbre et d'enregistrement. Cette situation défavorable, nous dirons même préjudiciable, faite aux avoués pour la défense des intérêts des pauvres en justice, fut l'objet de réclamations unanimes de la part des Chambres d'avoués ; le 29 novembre 1828 la Chambre des avoués de la Seine adressait aux ministres de la justice et des finances un mémoire tendant à obtenir l'exemption des droits de timbre et d'enregistrement des actes de procédure intéressant les indigents.

Malgré ces protestations de la part des avoués, le même état de choses subsista. Notons même en ce qui concerne les avocats que depuis 1822, l'ordonnance du 20 novembre qui réorganisa le barreau étant muette sur les devoirs des avocats vis-à-vis des pauvres, ceux-ci continuèrent, sans y être contraints, leur œuvre de générosité et de désintéressement. Tout ce qu'ils ont fait depuis 1822 jusqu'en 1851 dans les affaires pour la défense des droits des pauvres fut le produit de leur libre volonté et des traditions honorables qui se sont toujours transmises d'année en année parmi les membres du barreau.

Les avoués non plus n'ont pas failli à leur tâche, ainsi que le faisait remarquer M. le Garde des Sceaux dans l'exposé des motifs de la loi de 1851, ils ont souvent dépassé le montant des dépenses que pouvait couvrir la bourse commune. Du 1er janvier 1844 au 31 décembre 1848, la Chambre des avoués de Paris a poursuivi à ses frais 745 procès intentés par des indigents, résultat qui montre combien l'Assistance Judiciaire était devenue nécessaire.

En attendant la promulgation d'une loi générale qui fut venue dispenser les indigents reconnus tels par un bureau compétent du paiement des droits de timbre et d'enregistrement des actes de la procédure concernant les procès intentés par ou contre ces indigents, nous verrons de 1789 à 1851 des lois spéciales établir timidement cette dispense en faveur des indigents pour quelques procédures particulières et limitativement désignées.

Les décrets des 8 et 11 juillet 1793, puis du 2 brumaire an IV, article 17, exigeant en matière civile, pour que le pourvoi en cassation pût être formé, la production de la quittance de consignation de l'amende de 150 francs, dispensent les indigents du paiement de cette amende. — La loi du 14 brumaire an V, article 2, édicte encore cette dispense au profit des indigents, tant en matière civile qu'en matière correctionnelle ou de police municipale. Comment était établie l'indigence ? uniquement par un certificat délivré par l'administration municipale du canton dans lequel l'indigent était domicilié.

L'article 120 du décret du 18 juin 1811 dit en substance que si l'interdit, les père, mère, époux ou épouse de l'individu dont l'interdiction est poursuivie par le ministère public, conformément à l'article 491 du Code civil, sont dans un état d'indigence dûment constaté par certificat du maire, visé et approuvé par le sous-préfet et par le préfet, il ne sera passé en taxe que le salaire des huissiers et l'indemnité due aux témoins non parents ni alliés de l'interdit, et l'article 118 de ce même décret disait que les frais de cette procédure seraient avancés par l'administration de l'enregistrement et que les actes auxquels cette procédure donnerait lieu seraient visés pour timbre et enregistrés en débet.

C'est la première fois que nous voyons mettre à la

charge du trésor les frais de procédure et que nous entendons parler de l'enregistrement en débet et du visa pour timbre ; formalités que nous rencontrerons souvent désormais et que nous retrouverons comme base de l'Assistance Judiciaire.

L'article 75 de la loi de finances du 25 mars 1817 prescrit les dispositions suivantes : « Seront visés pour timbre « et enregistrés gratis les actes de procédure et les juge- « ments à la requête du ministère public, ayant pour ob- « jet : 1° de réparer les omissions et faire les rectifications « sur les registres de l'état civil, d'actes qui intéres- « sent les individus notoirement indigents ; 2° de rempla- « cer les registres de l'état civil perdus ou incendiés par « les événements de la guerre, et de suppléer aux regis- « tres qui n'auraient pas été tenus. »

Les articles 121 et 122 du décret du 18 juin 1811 confirment la disposition précédente.

Pour ces procédures coûteuses imposées à tout citoyen par la nécessité d'avoir un état civil et pour lesquelles l'indigent ne pouvait pas même avoir recours à ces chercheurs d'affaires qui exploitaient le gain possible d'un procès, puisqu'aucun intérêt pécuniaire n'était en jeu, le législateur comprit de bonne heure le besoin de permettre à l'indigent lui-même de faire rectifier ou reconstituer les actes de l'état civil le concernant, en organisant la poursuite d'office et gratuite du ministère public.

En ce qui concerne les actes de l'état civil, mentionnons ici la loi du 10 décembre 1850, ayant pour objet, suivant sa rubrique, de faciliter le mariage des indigents,

la légitimation de leurs enfants naturels et le retrait de
ces enfants déposés dans les hospices. Toutes les pièces
nécessaires à l'accomplissement de ces différents actes
seront réclamées et réunies par les soins de l'officier de
l'état civil de la commune où ils doivent s'accomplir ;
l'article 4 de cette loi dit que : « Les extraits des registres
« de l'état civil, les actes de notoriété, de consentement,
« de publications ; les délibérations de conseils de famille,
« les certificats de libération du service militaire, les dis-
« penses pour cause de parenté, d'alliance ou d'âge, les
« actes de reconnaissance des enfants naturels, les actes
« de procédure, les jugements et les arrêts dont la pro-
« duction sera nécessaire dans les cas prévus par l'article 1
« (mariage des indigents), seront visés pour timbre et en-
« registrés gratis, lorsqu'il y aura lieu à enregistrement.
« Il ne sera perçu aucun droit de greffe ni aucun droit de
« sceau au profit du trésor sur les minutes et originaux,
« ainsi que sur les copies ou expéditions qui en seraient
« passibles. » L'indigence ici est absolue, elle sera constatée par un certificat du commissaire de police ou du
maire, sur le vu d'un extrait du rôle des contributions
constatant que la partie intéressée paie moins de 10 francs
ou d'un certificat du percepteur de sa commune portant
qu'elle n'est pas imposée. — Cette indigence absolue, requise pour bénéficier de cette loi, s'explique par ce fait
bien simple que les procédures qu'elle vise entraînent les
mêmes frais pour tous ; il était donc inutile d'établir des
degrés dans l'état d'indigence ou de laisser la question
d'indigence à l'appréciation d'un bureau quelconque.

Voilà le principe : quiconque n'est pas imposé au rôle des contributions ou paie moins de dix francs bénéficiera des dispenses accordées par la loi du 10 décembre 1850 pour l'accomplissement de certaines procédures déterminées.

Signalons enfin, comme dernière disposition spéciale précédant la réforme générale de l'Assistance Judiciaire, la loi du 7 août 1850 sur le timbre et l'enregistrement des actes concernant les conseils de prud'hommes, dont nous nous bornerons à transcrire l'article premier, car nous aurons dans la suite de ce travail l'occasion d'étudier incidemment cette loi : « Dans les contestations entre pa- « trons et ouvriers devant les conseils de prud'hommes, « les actes de procédure ainsi que les jugements et les « actes nécessaires à leur exécution seront rédigés sur pa- « pier visé pour timbre conformément à l'article 70 de la « loi du 22 frimaire an VII. L'enregistrement aura lieu « en débet. »

Toutes ces dispositions de lois ou décrets que nous venons de passer rapidement en revue n'étaient, nous avons pu le constater, que des lois spéciales n'embrassant que des procédures particulières. Ce qui est maintenant bien établi, c'est que le principe de l'Assistance Judiciaire était posé, il ne restait plus qu'à le généraliser.

Avant d'aborder l'étude de la loi du 22 janvier 1851, il nous a semblé intéressant d'en parcourir les précédents et d'en suivre les travaux préparatoires.

§ I. — Précédents législatifs et travaux antérieurs à la loi de 1851.

La grande réforme judiciaire réalisée par la loi du 22 janvier 1851 avait déjà été plusieurs fois proposée devant les Chambres et avait été l'objet de travaux considérables.

Dès l'année 1826, le procureur du roi à Lunéville adressait au ministre des finances un mémoire dans lequel il lui demandait l'enregistrement en débet et le visa pour timbre des actes de procédure intéressant les indigents.

Rappelons aussi qu'en 1828, la Chambre des avoués de Paris, soutenue par M. le Président du Tribunal civil de la Seine, protesta contre la nécessité où pouvaient se trouver les avoués d'acquitter personnellement les droits de timbre et d'enregistrement des actes de procédure concernant les procès des indigents, auxquels ils continueraient à offrir leurs services, mais pour lesquels ils demandaient à juste titre à ne pas se voir exposés au paiement des frais faits pour ces indigents.

A cette même époque, une adresse du Président du Tribunal civil de la Seine au ministre de la justice fut également infructueuse.

Le 3 novembre 1837, M. de Gérando prononçait à l'audience même un réquisitoire en faveur des pauvres.

L'opinion tout entière était donc tournée de ce côté, et cependant une proposition de loi dans ce sens rencontra une vive opposition parmi les représentants à la Chambre.

Lors de la discussion de la loi du 11 avril 1838, sur l'organisation judiciaire, plusieurs députés proposèrent de mettre à la charge du trésor, sous certaines garanties, l'avance des frais dans les causes intéressant les indigents. Le député Portalis déposa, à la séance du 23 février 1838, sur le bureau de la Chambre une proposition de loi dont l'article 3 était ainsi conçu : « Lorsque l'indigence d'un « plaideur aura été reconnue par les procureurs du roi « près les tribunaux, et que le conseil de discipline des « avocats et la Chambre des avoués auront reconnu qu'il « y a lieu à procès, le président commettra d'office les of« ficiers ministériels qui assisteront la partie indigente « gratuitement, et les déboursés à l'occasion des titres qui « seront produits et des actes d'instruction et des juge« ments qui interviendront dans l'instance seront assi« milés aux dépenses de l'instruction criminelle, suivant « les règles établies au titre II du décret du 18 juin 1811. » C'était, en un mot, proposer de mettre les frais de l'instance à la charge du Trésor.

L'idée généreuse et philanthropique qui dicta cette proposition était très louable et aurait dû être acceptée à l'unanimité par les membres de la Chambre ; la discussion aurait dû être restreinte à la réalisation, au moyen de mettre en pratique cette idée de dispense des droits et d'avance des frais au profit des indigents. A l'appui de sa proposition, et pour en bien faire comprendre la nécessité, Portalis montrait les résultats choquants et même illégaux auxquels conduisait l'impossibilité où se trouvait

l'indigent de faire valoir ses droits en justice. « Lorsqu'une
« malheureuse femme pauvre, disait-il, est obligée de de-
« mander sa séparation de corps, elle ne peut pas plaider,
« car les frais sont considérables, et alors elle obtient un
« permis du président et une défense à l'époux de hanter
« et de fréquenter sa femme à l'avenir. » Qu'arrivait-il
alors? c'est que la procédure en restait là, faute de ressources suffisantes ; et l'ordonnance du président du tribunal, qui, en principe, devait prescrire des mesures provisoires, ordonnait des mesures qui, par la nécessité même,
devenaient définitives. Etait-ce légal? non assurément, et il
fallait chercher à remédier à cet inconvénient. Puis, plus
loin, l'orateur nous expose la situation du père de famille
paysan qui, devenu vieux, distribue son patrimoine à ses
enfants à charge par eux de lui servir une rente viagère
et qui, si un jour la rente en question vient à ne lui plus
être payée par ses enfants, n'a aucun moyen d'en poursuivre le paiement.

En faveur de la proposition Portalis on faisait valoir
que devant la Cour de cassation où nul ne peut plaider
sans consigner préalablement une amende de 150 francs,
l'indigent reconnu tel était dispensé de cette consignation ; pourquoi, disait-on, ces dispenses étaient-elles accordées dans des cas particuliers, pourquoi devant les
tribunaux civils de première instance ou d'appel ne dis-
pensait-on pas le plaideur indigent de tous les frais de justice? — On répondait, pour combattre cette proposition,
que les avocats et les avoués ne s'étaient jamais refusés à
plaider et à diriger les causes des indigents ; qu'on n'avait

jamais vu le bon droit succomber faute de défenseur. Ces objections, complètement en désaccord avec le sentiment de générosité philanthropique qui avait dicté la proposition alors sujette à discussion, ressemblaient plutôt à des fins de non recevoir qu'il était facile de réfuter et de réduire à néant.

Sans doute, avons-nous déjà dit, avoués et avocats ne refusaient point aux indigents le secours de leur talent et de leur travail ; mais au lieu d'être exposés à acquitter pour le compte de ces mêmes indigents les droits de timbre, de greffe et d'enregistrement, pourquoi l'État envers lequel la justice est une dette ne participerait-il pas à l'œuvre de générosité, commencée par les avoués et les avocats, en faisant au profit des pauvres l'abandon des droits de timbre et d'enregistrement, sauf à les recouvrer sur le montant de la condamnation prononcée au profit de l'indigent, ou à en imposer le paiement à l'adversaire plus fortuné condamné, ou enfin à se les faire rembourser par l'indigent revenu à meilleure fortune, s'il y a lieu ?

Le bon droit, objectait-on encore, n'a jamais succombé faute de défenseur ; ajoutons à la condition que l'indigent fort de son droit ait recours ou livre sa défense aux mains de spéculateurs peu scrupuleux et avides de gain, qui, se payant largement sur le produit de la condamnation, absorbent souvent en entier le bénéfice que la partie pouvait espérer en retirer. Laisser subsister un tel état de choses, c'était encourager une spéculation déloyale au préjudice des plaideurs indigents.

A la séance du 26 février, Emmanuel Poulle, député, vint

combattre aussi la proposition Portalis ; il faut, disait-il, repousser formellement la demande qui fait l'objet de la discussion actuelle de l'assemblée, car mettre à la charge du trésor les déboursés qu'occasionnaient les procès dans lesquels les indigents étaient en cause, serait favoriser l'augmentation du nombre des procès ; ce serait faire de l'Etat, et ce sont les paroles mêmes de l'orateur, un *entrepreneur de procès*. Il n'était, comme nous le voyons, tenu aucun compte des garanties offertes par l'examen préalable devant le conseil de discipline des avocats et devant la Chambre des avoués du bien fondé de la demande formée par l'indigent et de l'état d'indigence de l'impétrant.

Le renvoi du projet de loi à la Commission fut proposé et repoussé à une grande majorité, et la discussion se continua à la séance du 27 février, le lendemain même.

Une motion de cette importance méritait d'être étudiée au sein d'une commission ; le principe devait être retenu comme base d'une loi générale sur l'assistance à accorder aux pauvres devant les tribunaux de toute sorte. Au contraire, la discussion immédiate du projet fut votée et divers amendements tendant, soit à confier la défense des indigents au procureur du Roi, comme en matière d'interdiction ou de rectification d'actes de l'état civil, soit à faire le tribunal lui-même juge de l'indigence du plaideur, furent repoussés. Le Garde des Sceaux prit lui-même la parole pour s'opposer à l'admission de la proposition de loi de Portalis qui fut rejetée à une immense majorité.

Nous sommes surpris de constater à cette époque l'opposition systématique qui accueillit l'apparition, au sein d'une assemblée d'élite, d'une idée de pure philanthropie depuis longtemps érigée en principe et réglementée déjà dans la plupart des législations européennes.

Plus tard, en février 1848, cette question de la protection des droits des pauvres en justice fut étudiée à l'Institut ; un mémoire *sur la défense des indigents dans les procès civils et criminels* fut déposé et lu par M. Vivien à l'Académie des Sciences morales et politiques : la justice étant une dette de l'Etat, la société doit accorder aux pauvres la dispense complète des frais de justice; mais il faut, disait l'auteur dans son mémoire, que l'indigence soit constatée à l'aide de documents certains et que le privilège de la dispense des frais de justice ne s'applique qu'à des prétentions qui offrent une certaine apparence de bien fondé, qui, en un mot, aient été examinées et reconnues plausibles. — A ce mémoire sont jointes quelques observations de MM. Cousin, Dupin, de Beaumont et Giraud, qui, tout en s'accordant sur le principe de l'assistance à accorder aux pauvres, se séparent sur la manière de l'appliquer, les uns demandant la mise en vigueur en France du système Sarde, c'est-à-dire de l'institution de l'avocat des pauvres ; d'autres, repoussant toute idée de magistrature spéciale, réclament le bénéfice pour les indigents de l'enregistrement en débet et de la dispense de timbre pour les actes de procédure faits à leur requête.

La question fut à nouveau portée devant la Chambre, lors de la discussion de la loi du 3 juillet 1846, dont le but était de favoriser le mariage des indigents ; loi qui ne faisait en somme que continuer l'œuvre due à l'initiative religieuse et privée : la société dite de Saint-François Régis fut fondée à Paris en mars 1826 pour favoriser et faciliter le mariage des indigents ; de 1826 au 31 décembre 1843, 7.991 mariages de pauvres avaient été célébrés par les soins de cette société ; le nombre s'en accrut sans cesse, 1.060 mariages furent célébrés dans ces conditions en 1844, 1.309 en 1845. Sur la proposition de MM. de Beaumont et de Tocqueville, un amendement fut voté au budget des recettes de 1847 pour permettre la délivrance gratuite des actes de l'état civil nécessaires pour le mariage des indigents et la reconnaissance des enfants naturels.

M. Chégaray, député soutenant un amendement tendant à l'extension des dispositions de la loi de 1846, intervint pour recommander spécialement la question à l'attention et à l'étude du Gouvernement, disant qu'en sa qualité de magistrat il avait vu souvent le droit des pauvres ne pouvoir trouver accès auprès de la justice, et particulièrement en matière de séparation de corps, à cause des frais considérables que les pauvres se trouvaient dans l'impossibilité d'avancer ; et il ajoutait que la supériorité tant vantée de notre civilisation et de notre législation n'apparaissait pas, au contraire des pays voisins, au point de vue de la protection des pauvres en justice.

Afin de ne pas négliger un élément historique considérable de notre étude nous allons, avant d'aborder l'étude de la loi du 22 janvier 1851, jeter un coup d'œil sur les législations étrangères en ce qui concerne la protection des pauvres devant les juges antérieurement à notre loi de 1851.

APPENDICE

DE L'ASSISTANCE JUDICIAIRE DANS LES LÉGISLATIONS
ÉTRANGÈRES AVANT 1851

Nous classerons dès maintenant les législations des pays
étrangers en différents systèmes, suivant qu'elles auront
adopté l'un ou l'autre de ces principes, base de l'assistance
judiciaire : système de la magistrature spéciale ou de l'avocat des pauvres ; — système des défenseurs d'office ; —
enfin celui des avocats et avoués d'office, sans exemption
des droits dûs au Trésor.

I. — PREMIER SYSTÈME. — *De l'avocat des pauvres.* —
Nous prendrons comme type de ce système la législation
des Etats Sardes, appliquée à l'origine en Savoie. On
rapporte à ce sujet que sous le règne du comte Aymon, au
commencement du XIV° siècle, il existait déjà à Chambéry
un magistrat chargé de la défense des pauvres. Il est au
moins certain que dans les statuts d'Amédée VIII, en 1477,
un titre spécial était consacré à la création d'un avocat
des pauvres à Chambéry. Nous avons vu, plus d'un siècle

plus tard, Henri IV prescrire dans le royaume de France l'institution d'une magistrature spéciale chargée de la défense des droits des pauvres en justice ; mais nous savons également que le décret de 1610 ne reçut pas son exécution.

Un édit du 3 avril 1680 fixait les conditions d'admission au bénéfice des pauvres dans les Etats Sardes ; puis une instruction du 16 juin 1680 vint introduire pour les procès des pauvres une procédure particulière et sommaire.

L'édit du 27 septembre 1822, sur l'organisation judiciaire, n'a fait que reproduire les dispositions des constitutions de 1723 et de 1729 sur le bureau des pauvres.

Nous voyons, par ce rapide historique, que le problème de la défense des droits des pauvres avait été résolu dès les XVIIe et XVIIIe siècles par la législation des Etats Sardes. Voyons maintenant en peu de mots comment fonctionnait ce système de l'avocat des pauvres et comment était constitué le bureau des pauvres.

Le bureau des pauvres près chaque juridiction était composé d'un avocat des pauvres, et d'un procureur des pauvres, également assistés de substituts : l'avocat a la direction et le procureur fait la procédure des affaires des pauvres.

L'avocat des pauvres a pour mission d'examiner s'il y a véritablement indigence et si la demande de l'impétrant est bien fondée ; il a de plus un rôle de conciliateur. Si la décision est favorable à l'assisté, le premier président ou le juge mage prononce l'admission du postulant au bénéfice des pauvres. Et dès lors tous les actes de la procédure faits à la requête de l'indigent seront enregistrés en débet et visés pour timbre.

Nous examinerons plus loin quels sont les avantages et les inconvénients de ce système d'une magistrature spéciale, que nous rencontrons encore dans le duché de Modène où elle fut instituée par une loi du 11 décembre 1828 ; dans les Etats Pontificaux où, à côté de l'avocat des pauvres, s'étaient constituées les congrégations de Saint-Jérôme de la Charité et de Saint-Yves, sociétés privées dont le but était de présenter devant les tribunaux la défense des parties pauvres.

L'institution de l'avocat des pauvres fonctionna également dans les pays soumis au Code *Autrichien* où elle fut supprimée en 1811, à l'époque de la promulgation d'un nouveau Code civil, pour faire place au système des *défenseurs d'office* désignés spécialement pour chaque affaire. Il en fut de même en Espagne à peu près à la même époque.

II. — Deuxième système. — *Des défenseurs d'office.* — En Belgique et en Hollande, où ce système fut mis en vigueur par les arrêtés du 21 mars 1815 et du 26 mai 1824, l'indigent est admis à plaider *pro Deo* à deux conditions : la première, que l'état d'indigence du demandeur soit constaté ; la seconde, que le bon droit du postulant soit présumé.

Dans ce système, c'est le tribunal compétent pour juger de l'affaire qui statue préalablement sur l'exposé des faits qui lui est fourni, en admettant ou rejetant la demande

d'assistance judiciaire après avoir entendu l'adversaire ;
et qui désigne d'office à l'assisté un avoué, un huissier et
un avocat. En outre, les actes de la procédure concernant
la cause de l'indigent seront visés pour timbre et enregistrés au débet. Les inconvénients de ce système sont frap-
pants, nous y reviendrons plus tard.

En Allemagne, la question de la défense des pauvres
(Armenrecht) fut résolue dès le xvie siècle : l'ordonnance
ou règlement de la Chambre impériale de 1521, article 25,
§ 1, porte en substance que le plaideur qui affirme par serment son indigence sera affranchi des frais aussi longtemps que l'acquisition de quelques biens ne l'aura pas
mis en état de les rembourser. — Une autre ordonnance
de la Chambre impériale de 1555, article 19, § 5, dispose
qu'il sera donné d'office un procureur au plaideur indigent. — Une loi plus récente et plus détaillée est celle du
29 mars 1836, concernant la défense du droit des pauvres
dans la province de Starkenbourg et dans le Grand-Duché
de Hesse. C'est également le tribunal compétent pour connaître du fond de l'affaire qui concède préalablement à la
partie qui lui en fait la demande le bénéfice du droit des
pauvres et lui désigne d'office un avoué chargé de sa défense.

Nous venons de voir que dans les législations autri-
chienne et espagnole, l'avocat des pauvres fut remplacé
au commencement de ce siècle par le système des défenseurs d'office ; c'est ici encore le tribunal qui, statuant sur
l'indigence d'après un certificat délivré à l'assisté, lui désigne son avocat et son avoué d'office.

De tous les pays d'Europe, c'est l'Espagne qui a donné à la protection et à la défense des pauvres les plus larges développements : il existe en Espagne un papier timbré spécial à l'usage des indigents. Enfin, l'indigent admis au bénéfice des pauvres a le droit de choisir, parmi les officiers ministériels désignés d'avance et d'office par le tribunal, ceux d'entre eux qui lui conviennent le mieux.

Un statut d'Henri VII, au xvie siècle, organisa aussi en Angleterre l'assistance des pauvres en justice pour la défense de leurs droits. Le tribunal compétent pour connaître de l'affaire nomme un avocat et un procureur d'office au plaideur indigent, qui sera exempt du paiement de toutes les taxes, droits du Trésor et autres charges incombant ordinairement aux plaideurs.

En Suisse, dans le canton de Vaud, le président du tribunal compétent, sur une requête à lui adressée par l'indigent et accompagnée d'un certificat d'indigence, nomme à l'indigent un avocat d'office et le dispense du paiement des droits de timbre et d'enregistrement ; de même, le demandeur indigent était dispensé de fournir caution. Ajoutons que suivant les lois du pays de Vaud, publiées en 1616, les causes concernant les indigents suivaient une procédure spéciale et sommaire.

Dans le canton de Genève, où les citoyens pouvaient présenter eux-mêmes leur défense devant les tribunaux, où les droits de timbre et d'enregistrement étaient très peu élevés, les indigents ne jouissaient pas de privilèges spéciaux en justice.

III. — TROISIÈME SYSTÈME. —• *Avocats et avoués d'office*

sans exemption des droits du Trésor. — Ce procédé, qui pourtant fut le nôtre avant la loi du 22 janvier 1851, était peu usité dans les législations étrangères.

Nous le rencontrons cependant en Italie dans les duchés de Parme et de Plaisance dans lesquels le président du tribunal désignait d'office un défenseur à l'indigent et dans son jugement même accordait à l'assisté un délai variable suivant les circonstances pour le paiement des frais de procédure, de timbre et d'enregistrement. Le souverain seul pouvait dispenser complètement l'indigent du paiement de tous les frais et droits.

En Portugal aucune disposition n'existait en faveur des pauvres, mais des associations privées charitables, connues sous le nom de *misericordiæ*, fournissaient aux indigents les moyens de présenter et de soutenir la défense de leurs droits devant les tribunaux.

Notons en terminant cette étude rapide de législation comparée que dans certains pays de l'Europe, en Russie, par suite de l'état d'esclavage dans lequel se trouvaient les pauvres vis-à-vis des riches, en Danemark, en Suède et en Norwège, où chaque individu présentait lui-même sa défense, nous ne pouvons enregistrer aucune disposition de loi en faveur des indigents et pour la protection de leurs droits en justice, du moins en matière civile.

Nous arrivons maintenant, avec l'étude de la loi du 22 janvier 1851 et des travaux préparatoires, à l'organisation et au développement actuels de l'Assistance Judiciaire en France.

CHAPITRE III

DE L'ASSISTANCE JUDICIAIRE EN MATIÈRE CIVILE

§ I. — Travaux préparatoires de la loi du 22 janvier 1851.

A la date du 15 juin 1849, un arrêté du Président de la République, contre signé par Odilon Barrot alors Garde des Sceaux, instituait une commission chargée d'étudier les questions relatives à la défense des pauvres devant les tribunaux.

Deux projets de loi sur cet objet furent simultanément soumis à la délibération de l'Assemblée : l'un préparé par le Conseil d'Etat et présenté par M. Rouher, ministre de la justice ; l'autre fut l'objet d'une proposition de loi présentée par M. Favreau, représentant. Le premier projet fut renvoyé aux bureaux et le second à la commission d'initiative le 12 juin 1850 ; puis à la séance du 25 juin 1850 sur un rapport de M. Salmon, la proposition de loi Favreau fut prise en considération et renvoyée à la commission chargée d'examiner le projet du gouvernement. Citons à cette occasion le rapport du président Ayliès, présenté à M. le Garde des Sceaux au nom de la commission chargée, par le gouvernement de préparer un projet de loi relatif à l'Assistance Judiciaire, projet qui fut déposé le 3 décembre 1849 au Conseil d'Etat réuni en assemblée générale par la section de législation.

Le monument le plus important de toute la discussion qui a précédé le vote de la loi de 1851, et sur lequel nous reviendrons à chaque instant, est le rapport présenté, le 13 novembre 1850, à l'Assemblée par M. de Vatimesnil, rapporteur, sur la proposition de loi Favreau.

La justice doit être accessible à tout citoyen, l'article 8 de la constitution de 1848 reprenait ce principe de la justice égale pour tous ; mais, quoique gratuite, c'est-à-dire quoique le traitement des magistrats soit à la charge de l'Etat, nous avons vu que les frais qu'entraîne l'exercice de la justice pour le plaideur sont encore considérables, si l'on songe aux droits d'enregistrement, de timbre et de greffe, aux honoraires et émoluments dûs aux officiers ministériels, avocats et greffiers, aux taxes des témoins, aux vacations des experts, etc., frais que le plaideur supportera et dont souvent même il sera tenu de faire l'avance au début du procès.

L'avantage pouvant résulter de l'élévation des frais de justice qui, purement aléatoire, consistait en la diminution possible du nombre des procès, n'était assurément point compensé par l'inconvénient qui se manifestait par l'impossibilité matérielle où se trouvaient les indigents de faire valoir en justice les droits les mieux fondés. C'est ce qu'exprimait en ces termes M. de Vatimesnil : « Cette si-« tuation de l'indigent qui ne peut se faire rendre justice

« et qui végète dans la misère en présence du débiteur ou
« du détenteur contre lequel il n'a pas le moyen d'agir,
« est non-seulement affligeante pour la morale publique,
« mais encore contraire au respect de la propriété, car la
« propriété n'est entourée de garanties suffisantes qu'au-
« tant que la réparation des lésions qu'elle éprouve est
« praticable pour toute personne qui en souffre (1). » L'é-
galité des citoyens devant la loi et la justice n'était donc
qu'un vain mot à l'égard des indigents. Qu'arrivait-il dans
ces conditions, c'est que ce fait se produisait souvent, que
celui contre lequel le pauvre avait une action bien fondée
spéculait indignement sur l'impuissance où ce malheureux se trouvait de l'exercer, confiant qu'il ne parvien-
drait jamais à le traduire en justice.

Cette situation fut mise en relief par le rapporteur. Nous
avons vu précédemment que dans certains cas spéciaux
les droits des pauvres avaient été sauvegardés et protégés ;
le principe d'assistance était consacré, une loi devait in-
tervenir pour le généraliser.

Les législations étrangères depuis longtemps déjà avaient
institué différents systèmes de protection du droit des
pauvres en justice, auxquels il était naturel de se reporter, soit pour les imiter, soit pour les compléter.

La question se posait de savoir, s'il fallait établir en
France, comme on l'avait fait en Sardaigne, une magistrature spéciale, une sorte de tutelle aux indigents ; ou
s'il fallait, suivant la loi belge ou allemande, faire nom-

(1) Rapport de M. de Vatimesnil.

mer par le tribunal compétent, pour juger de l'affaire dans laquelle un indigent était partie, un avocat ou un avoué d'office à cet indigent ? fallait-il, ou plutôt pouvait-on res-ter sous l'empire de la législation peu précise alors en vigueur ? ou fallait-il par des mesures nouvelles, innover sur les lois alors existantes dans les différents pays ?

On ne chercha point dans les législations étrangères la solution de la question, les éléments nécessaires et suffisants en étaient épars dans notre droit et dans notre organisation judiciaire, le travail consistait à les rassembler.

L'arrêté du 13 frimaire an IX et le décret de 1810 avaient en effet institué les avoués et les avocats d'office, les chambres des notaires et les assemblées des huissiers ne tardèrent pas à faire ce qu'avaient fait les avoués et les avocats. Des lois du 3 juillet 1846 et du 10 décembre 1850 ne vinrent-elles pas, pour faciliter le mariage des indigents, dispenser des droits de timbre les actes de l'état civil nécessaires pour la célébration de leur mariage ?

Une loi plus récente encore, du 7 août 1850, mais qui ne rentre qu'indirectement dans le cadre de notre étude, décide que devant la juridiction du conseil des prud'hommes, dans les contestations entre ouvriers, ou entre patrons et ouvriers, tous les actes de la procédure seront rédigés sur papier visé pour timbre et enrégistrés en débet. La proposition de loi Favreau avait uniquement pour objet l'extension de cette faveur aux procédures de questions d'Etat, de puissance paternelle, de pension alimentaire, de séparation de corps ou de biens, suivies à la requête des parties pauvres.

La Commission chargée d'étudier le projet du gouvernement et la proposition Favreau comprit bien qu'il ne s'a-
gissait plus alors d'étendre à certaines procédures le bénéfice au profit des indigents de la dispense des droits de
timbre et d'enregistrement ; mais qu'au contraire, conformément au vœu général, l'heure était venue, à l'exemple
des pays étrangers, de préciser dans une loi fondamentale
les moyens mis à la disposition des indigents pour leur
permettre de défendre en justice leurs droits, contestés
ou non, quels qu'ils soient.

Le principe qui présida au travail de la Commission fut
le suivant, à savoir que le postulant ne peut être admis
au bénéfice de l'Assistance Judiciaire qu'après que deux
faits auront été constatés : d'abord, qu'il est indigent ;
ensuite que l'action qu'il se propose d'intenter est plau-
sible et reconnue bien fondée. M. de Vatimesnil exprimait
ainsi cette idée dans son rapport : « En cette matière, le
« législateur doit procéder avec la plus grande circons-
« pection, car il se trouve placé entre deux écueils. D'un
« côté, s'il entoure de trop de difficultés l'admission à
« l'Assistance Judiciaire, il court le risque d'étouffer des
« réclamations légitimes qui, à défaut de ressources pécu-
« niaires, ne pourront se produire devant la justice ; mais
« d'un autre côté, s'il ouvre une porte trop large, il lésera
« à la fois l'intérêt du trésor et celui des personnes contre
« lesquelles les assistés intenteront des actions judiciaires.
« L'assistance judiciaire n'est due qu'au bon droit et à
« l'impossibilité de le faire valoir par la voie commune ».
En conséquence, le bénéfice de l'Assistance Judiciaire n

pourra être concédé qu'en vue de poursuites devant aboutir à des résultats positifs et réalisables, mais non contre
un débiteur notoirement insolvable.

Le système de protection des pauvres préconisé par les
Etats Sardes était le plus répandu ; Henri IV, en 1610,
l'avait imposé à la France, en ces termes reproduits dans
un arrêt du Conseil d'Etat du 6 mars 1610 : « Le Roy en
« son conseil meu d'une affection charitable et paternelle
« envers son pauvre peuple, désirant pourvoir à l'avenir
« que la justice soit rendue en toute sincérité aux veufves,
« orfelins, pauvres gentilshommes, marchans, laboureurs,
« et généralement aux personnes réduites à telle misère et
« nécessité qu'ils n'ont pas moyen de poursuivre leurs
« instances, droits et actions intentées ou à intenter, ci-
« viles ou criminelles. A ordonné et ordonne qu'en toutes
« les dites Cours tant souveraines, ordinaires, que subal-
« ternes, seront commis et députés des avocats et procu-
« reurs pour les pauvres, en tel nombre qu'il sera advisé
« en son conseil selon la grandeur et nécessité de chacune
« cour ou siège, lesquels seront tenus d'assister de leur
« conseil, industrie, labeur et vacations, tous ceux de la
« susdite généralité, sans néanmoins prendre d'eux au-
« cune chose tant petite soit réelle et sous quelque prétexte
« que ce soit, sous peine de concussion ».

Mais le décret qui l'organisait ne reçut pas d'exécution ;
il eut ses partisans lors de la discussion de la loi de 1851.
Le grand reproche adressé à ce système était la constitution d'une magistrature spéciale à côté des juges réguliers.
L'avocat des pauvres examinait s'il y avait indigence et

si la demande du postulant était bien fondée, puis sur ses conclusions l'admission au bénéfice des pauvres était prononcée ou rejetée par le sénateur des pauvres, magistrat dont la décision s'imposait et préjugeait la question du fond. L'assisté bénéficiait alors de la faveur du visa pour timbre et de l'enregistrement en débet. Un second inconvénient de ce système était que la décision du sénateur des pauvres s'imposait en réalité aux juges du fond, qui devenaient ainsi des juges d'appel.

Pour ces différentes raisons ce système fut repoussé.

Le système des avocats et procureurs nommés d'office, tel qu'il est pratiqué en Allemagne ou en Belgique, n'eut pas beaucoup de partisans.

C'est qu'en effet c'est le tribunal compétent pour statuer sur le fond de l'affaire qui juge de la question préalable d'indigence. Or, pour être admis au bénéfice des pauvres nous avons vu qu'il fallait que le postulant établit son indigence, suivant les prescriptions de la loi, puis le bien fondé de sa demande ; reconnaître le bien fondé d'une demande, c'est préjuger la solution sur le fond, aussi ne restait-il plus aux juges, lorsque l'affaire était portée au tribunal, qu'à consacrer par un jugement la première décision déjà prise.

L'erreur de ce système consistait donc à confier aux mêmes juges le soin de décider sur la question préalable d'admission au bénéfice des pauvres, et de juger définitivement sur le fond de l'affaire.

Enfin ce mode de fonctionnement donnait lieu à un inconvénient purement matériel, à l'encombrement devant les tribunaux, par suite de l'augmentation du nombre d'affaires, provenant de ce que certaines étaient appelées deux fois devant les mêmes juges, ce qui causait un retard dans l'exercice normal de la justice.

Restait donc comme solution au problème, de conserver le système actuellement en vigueur en France, de l'améliorer en prenant dans les législations étrangères les dispositions qui pouvaient être jugées bonnes.

C'est dans quelques-unes de nos lois spéciales que furent pris les éléments constitutifs de la loi de 1851 ; on conserva le mode de nomination des avoués et avocats par leurs Chambres de discipline ; on étendit à tous les actes de procédure faits à la requête d'un indigent reconnu tel la dispense de timbre, d'enregistrement et de frais, accordée par des lois spéciales aux actes nécessaires au mariage des indigents, et pour les actes de procédure suivie par les ouvriers ou patrons devant la juridiction des conseils de prud'hommes.

Mais qui aurait mission de reconnaître l'indigence et comment serait-elle constatée ; à quelles conditions le bénéfice de l'Assistance Judiciaire serait-il accordé ? Ce sont autant de questions auxquelles l'étude de la loi du 22 janvier 1851 fournira réponse.

Nous allons donc, conformément au programme que nous nous sommes tracé, étudier en suivant, autant qu'il nous sera possible, l'ordre des articles de la loi, la constitution et le fonctionnement des bureaux d'assistance, et suivre en matière civile et spécialement devant les tribunaux de première instance la marche d'une demande à travers les divers rouages de l'institution de l'Assistance Judiciaire, et jusqu'au jugement, mais sans entrer dans les détails complets de son organisation.

§ II. — Étude de la loi du 22 janvier 1851.

1° *Des formes dans lesquelles l'Assistance Judiciaire est accordée.*

Le titre premier de cette loi traite de l'Assistance Judiciaire en matière civile ; le titre second de l'Assistance Judiciaire en matière criminelle et correctionnelle, nous le laisserons complètement en dehors de notre travail, son objet ne rentrant pas dans le plan restreint que nous nous sommes imposé.

L'Assistance Judiciaire étant un bénéfice accordé aux indigents, demandons-nous d'abord ce qu'il faut entendre par indigent au sens de la loi de 1851. On discuta long-temps pour savoir si, pour bénéficier de l'Assistance Judiciaire, il faudrait justifier d'une indigence absolue ou d'une indigence relative. Fallait-il préciser le degré d'indigence comme l'avait fait l'article 20 du Code d'Instruction criminelle qui, s'agissant de la consignation de l'amende de cassation, ne considère comme indigents que ceux qui paient moins de six francs de contributions ? Non, à notre sens ; le projet du gouvernement portait en effet dans son article premier que : « l'Assistance Judi-
« ciaire est accordée à ceux que leur indigence met dans
« l'impossibilité d'exercer en justice des droits utiles ».

C'était là qu'il fallait chercher le principe de la loi ; la question d'indigence devait être pour les bureaux une question d'appréciation, tout le monde était d'accord sur ce point. On critiqua l'expression trop générale de droits uiles, étant donné que la loi refusait l'Assistance Judiciaire à la partie civile ; et on la remplaça par une phrase équivoque, qui, sur la proposition de M. de Vatimesnil, constitua l'article premier de la loi : « L'Assistance Judi- « ciaire est accordée aux indigents dans les cas prévus par « la présente loi ». Cet article préliminaire fut voté avant tous autres, mais il est évident qu'on oublia sa rédaction au cours de la discussion de la loi, car telle qu'elle a été votée dans son ensemble, la loi de 1851 est toute générale et ne prévoit nullement des cas où l'Assistance Judiciaire sera ou pourra être accordée. — L'indigence au sens de la loi de 1851 doit donc être relative, c'est ainsi que l'a compris le rapporteur de la loi et nous ne pouvons mieux faire pour exposer sa théorie que transmettre ses propres paroles à ce sujet :

« Cette opinion s'appuie sur la nature même de l'Assis- « tance Judiciaire. Le but de cette assistance est de rendre « possible une réclamation à laquelle le défaut de moyens « pécuniaires de l'homme qui a le droit de la former « mettrait un obstacle insurmontable. Or, les frais de jus- « tice varient selon le genre et les circonstances des pro- « cès : une affaire ordinaire, par exemple, coûte beaucoup « plus qu'une affaire sommaire. Ainsi tel individu qui « peut faire face aux dépenses qu'entraîne une cause de « cette dernière espèce est hors d'état de subvenir à celles

« auxquelles donne lieu une cause de la première ; on doit
« donc le considérer comme indigent relativement à
« celle-ci, tandis qu'il ne l'est pas relativement à celle-là.
« L'indigence judiciaire n'est autre chose que l'impossibi-
« lité de faire valoir son droit devant les tribunaux, et par
« conséquent elle est relative ». Telle est bien la définition de l'indigence ainsi que nous l'entendons. Ce sera
donc en comparant les moyens pécuniaires de l'individu
qui réclame le bénéfice de l'Assistance Judiciaire avec les
frais présumés du litige, que le bureau résoudra cette
question d'indigence.

L'Assistance Judiciaire peut être obtenue, dit la loi, devant les tribunaux civils, les tribunaux de commerce et
les justices de paix ; l'admission est alors prononcée par
un bureau spécial établi au chef-lieu judiciaire de chaque
arrondissement et composé : d'un agent de l'administration de l'enregistrement et des domaines, d'un délégué du
préfet et de trois membres nommés par le tribunal civil
de première instance siégeant au chef-lieu de cet arrondissement, et pris parmi les anciens magistrats, les avocats
ou anciens avocats, avoués ou anciens avoués, notaires ou
anciens notaires ; avec cette disposition supplémentaire que
dans les arrondissements où il y aura moins de quinze avocats inscrits au tableau, un des trois nombres dont nous
venons de parler sera nommé par le conseil de l'ordre des
avocats, un autre par la Chambre des avoués, le troisième
enfin par le tribunal, conformément à la loi de 1851, article 2.

Sans vouloir nous arrêter sur des questions qui n'offrent
qu'un intérêt purement théorique et doctrinal, disons ici

qu'il s'est élevé, au sujet de la composition de ce bureau, de longues discussions au sein de la commission et de l'assemblée. Entre autres questions soulevées, notons que le projet du gouvernement avait demandé de joindre à la composition du bureau un membre du parquet ; la proposition fut rejetée, par ce même motif qui avait fait repousser le système de la nomination d'avocats et d'avoués d'office par le tribunal compétent pour connaître ensuite du fond de l'affaire. En effet, l'article 15 de la loi du 22 janvier 1851 décide que le ministère public sera entendu dans toutes les affaires dans lesquelles l'une des parties aura été admise au bénéfice de l'assistance judiciaire ; aussi bien il est le protecteur des faibles, mineurs, interdits ou femmes mariées, aussi bien le procureur de la République doit être le soutien des pauvres. Or, pour que le ministère public puisse conserver son indépendance, il ne faut pas qu'il soit appelé dans le bureau comme membre à donner son avis sur la question d'admission à l'Assistance Judiciaire et à préjuger par ce fait de la question du fond.

Les articles 3 et 5 nous indiquent la composition du bureau chargé de décider de l'admission au bénéfice de l'Assistance Judiciaire devant les Cours d'appel, la Cour de cassation et devant le Conseil d'État.

Pour ne pas étendre le plan de ce travail, nous nous reporterons simplement pour la composition et le fonctionnement de ces bureaux, d'ailleurs basés sur les mêmes principes et établis d'après les mêmes règles que pour les bureaux d'arrondissement, à la lecture de ces articles.

Disons quelques mots sur l'organisation intérieure des bureaux : chaque bureau nomme son président, et les fonctions de secrétaire sont remplies par le greffier du tribunal près lequel le bureau d'Assistance Judiciaire est établi. Ses décisions sont prises à la majorité des voix et en cas de partage celle du président est prépondérante. Ajoutons avec l'article 7 de cette même loi que les membres du bureau autres que les délégués de l'administration sont soumis au renouvellement au commencement de chaque année judiciaire, mais peuvent être réélus. Il ne fallait pas, en effet, imposer pendant un nombre trop grand d'années une charge gratuite assez lourde dans certaines villes, surtout lorsqu'elle était remplie par des officiers ministériels, souvent fort occupés par les soins que réclament leurs offices.

Voyons en quelques mots, et suivant l'ordre indiqué par la loi de 1851, quelle est pratiquement la marche à suivre pour demander et obtenir l'Assistance Judiciaire. Rien n'est plus simple, en réalité, que ces formalités, et tout postulant, si peu rompu qu'il soit à la connaissance des affaires peut, sans aucun intermédiaire, à moins qu'il ne sache écrire, ce qui est de plus en plus rare, remplir les formalités exigées par la loi afin de solliciter l'admission au bénéfice de l'Assistance Judiciaire. Nous insistons particulièrement sur ce point parce que nous avons vu souvent ce fait regrettable se produire : des indigents croyant indispensables les services de gens se disant agents d'affaires, pour obtenir le bénéfice de l'Assistance Judiciaire et faire commettre avoué, avocat et huissier, s'adressent, et le plus souvent écoutent et s'abandonnent à ces intermédiaires peu scrupuleux qui, faisant entrevoir les difficultés à surmonter, l'utilité de leurs démarches pour la désignation d'un avocat de talent, ou d'un avoué diligent, arrachent frauduleusement à des individus nécessiteux des sommes parfois plus élevées que celles qu'il eût fallu débourser pour la défense pure et simple ou la réclamation de leurs droits. Nous avons eu l'occasion d'entendre une personne admise au bénéfice de l'Assistance Judiciaire se plaindre à son avoué qu'il lui avait fallu verser la somme considérable de trois cents francs entre les mains d'un de ces agents d'affaires pour former une demande d'Assistance Judiciaire afin d'intenter une action en divorce contre son mari. Ce fait déplorable, malheureusement trop fréquent, à Paris surtout, pourrait être évité de plusieurs manières : la personne indigente qui a une action à intenter ou à défendre devant les tribunaux, n'aura qu'à se présenter à certains jours et heures au bureau de l'Assistance Judiciaire de son domicile ou à la mairie de sa commune, où on lui donnera tous les renseignements nécessaires et la marche à suivre pour formuler sa demande en Assistance Judiciaire. L'ordre des avocats de Paris a institué un bureau de consultations gratuites données par de jeunes stagiaires sous le contrôle d'avocats inscrits au tableau : cette institution a un double but : former des avocats instruits et capables, et surtout faciliter la défense judiciaire des pauvres en leur offrant les conseils gratuits des gens de lois. En effet, que l'indigent se présente aux jour et heure fixés pour la consultation gratuite, l'avocat qui en sera chargé examinera le bien fondé de sa demande, lui indiquera les pièces à fournir pour justifier son indigence et rédigera, si besoin est, sa demande au procureur de la République.

De même encore, l'indigent pourra s'adresser aux officiers ministériels, aux avoués de préférence, dont la générosité et le désintéressement sont souvent mis à l'épreuve et qui, dans bien des cas, rédigent eux-mêmes ou font rédiger par leurs clercs les demandes d'assistance en faveur d'indigents qui sont venus leur demander conseil.

Ce sont là des pratiques que nous ne pouvons qu'encourager, tout en blâmant hautement le fait de ces gens trop peu scrupuleux qui exploitent sans merci la misère et l'ignorance des pauvres, en se faisant à leurs yeux, et contrairement au principe de la justice égale pour tous, un intermédiaire indispensable entre eux et les bureaux d'Assistance Judiciaire.

Mais revenons à l'introduction de la demande d'assistance et aux formalités qu'elle nécessite :

L'article 8 de la loi du 22 janvier 1851 nous dit expressément : « Toute personne qui réclame l'Assistance Judi- « ciaire, adresse sa demande sur papier libre au procureur « de la République du tribunal de son domicile. » Mais pourquoi, dira-t-on, adresser la demande au procureur de la République qui la transmettra ensuite au bureau établi près le tribunal dont il fait partie, au lieu de l'adresser directement au bureau même du domicile, ce qui éviterait un retard certain ? M. de Vatimesnil, dans son rapport, exposait ainsi les raisons qui militent en faveur de cette dis-

position de la loi : « D'abord, on trouve toujours au par-
« quet un magistrat qui peut recevoir le public et lui don-.
« ner des indications utiles ; si ce n'est pas le procureur
« de la République, c'est son substitut. Si l'indigent ne
« peut pas ou ne veut pas se transporter au chef-lieu d'ar-
« rondissement, il confiera sa demande et ses pièces au
« maire de sa commune, qui les enverra au procureur de
« la République avec lequel il jouit de la franchise du port
« des lettres. — Enfin, il est utile que la demande soit
« adressée par l'officier du ministère public au bureau :
« ce fait constitue pour le bureau une sorte de mise en
« demeure morale ; c'est un préservatif contre la négli-
« gence dans laquelle tombent quelquefois les hommes,
« même les plus honorables. » Voilà beaucoup plus de
raisons qu'il n'en faudrait, si elles étaient bonnes, pour
justifier ce rôle d'intermédiaire du ministère public :
d'abord on trouvera toujours au parquet quelqu'un pour
recevoir le public ; est-ce qu'il n'en pourrait pas être de
même pour les bureaux d'Assistance, où l'indigent serait
certain d'obtenir les renseignements dont il aura besoin.
Ensuite, l'indigent, par l'intermédiaire du maire de sa
commune, ou directement, jouit de la franchise du port
des lettres avec le procureur de la République de son ressort ; s'il est reconnu que le ministère du procureur de la République en cette matière n'est pas absolument indispensable, un décret ou une loi pourra pareillement accorder
franchise soit directement, soit par l'intermédiaire du maire
de la commune entre l'indigent et le bureau d'Assistance
Judiciaire établi près le tribunal de son arrondissement.

— Enfin l'intermédiaire du parquet constituerait pour le bureau une mise en demeure, le procureur exercerait une sorte de contrôle sur le fonctionnement de ces bureaux ; nous ne concevons pas pour l'exercice de ce contrôle, qui appartient surtout au procureur général, la nécessité de la transmission de la demande de l'indigent au bureau par le procureur de la République. On arriverait, il nous semble, par un procédé tout autre, à un résultat plus satisfaisant, en permettant à l'indigent d'adresser sa demande directement au bureau, et, tout en laissant au parquet son droit de contrôle, en imposant au bureau un délai plus ou moins long pour statuer sur la demande de l'indigent.

Que contiendra la demande en question ? La loi ne s'est pas suffisamment expliquée sur ce point, et c'est là ce qui embarrasse en pratique le postulant. Après avoir exposé en quelques mots les motifs de sa demande, l'intéressé, alléguant son indigence, demande au procureur de la République de vouloir bien lui accorder ou plutôt lui faire accorder le bénéfice de l'Assistance Judiciaire dans le but de soutenir en justice tel droit contesté. C'est, ainsi que nous le voyons, une pure formalité, une mise en demeure faite au procureur de la République d'avoir à transmettre au bureau compétent la demande d'assistance qui lui est adressée ; cette demande ainsi formulée est un non sens, puisqu'elle s'adresse directement au procureur de la République qui n'a, comme nous venons de le voir, aucun pouvoir pour admettre ou rejeter la demande ; il suffit qu'elle soit formulée conformément aux prescriptions de la loi de 1851.

A cette demande il faudra joindre, dit l'article 10 de la loi de 1851 : 1° un extrait du rôle des contributions ou un certificat du percepteur du domicile de l'intéressé, constatant qu'il n'est pas imposé ; 2° une déclaration attestant qu'il est, à raison de son indigence, dans l'impossibilité d'exercer ses droits en justice et contenant l'énumération détaillée de ses moyens d'existence quels qu'ils soient. Le tout également sur papier libre et sans frais. Et l'article 10 ajoute : « Le réclamant affirme la sincérité de sa déclaration devant le maire de la commune de son domicile ; le « maire lui en donne acte au bas de la déclaration. » Notons ici que le maire n'a pas mission de délivrer au réclamant un certificat d'indigence, certificat qui, trop souvent, serait un certificat de complaisance, accordé à l'un et refusé à l'autre, suivant certaines influences locales ; la loi exige que la déclaration d'indigence de l'impétrant soit affirmée sincère devant le maire de la commune, qui en donne acte au bas de cette déclaration. Nous faisons remarquer que l'usage des maires dans la plupart des communes, de délivrer, à ceux qui sollicitent l'Assistance Judiciaire, un certificat d'indigence proprement dit dans lequel ils attestent eux-mêmes la situation pécuniaire de l'intéressé, est absolument contraire aux prescriptions de l'article 10 de la loi de 1851.

La demande étant supposée transmise par le procureur de la République au bureau d'Assistance établi près du tribunal, dont le procureur fait partie, nous touchons à une difficulté soulevée lors de la discussion de la loi, si nous nous demandons quel sera le bureau compétent pour statuer sur la demande d'Assistance Judiciaire.

Le projet du gouvernement et celui de la commission décidaient, d'un commun accord et avec raison, que ce serait le bureau établi près du tribunal compétent pour connaître du fond de l'affaire, et l'on renvoyait sur la compétence personnelle du tribunal à l'article 59 du Code de procédure civile. Mais nous apercevons ici la difficulté : l'indigent demandeur voulant poursuivre un individu domicilié à des centaines de lieues du domicile du demandeur, le bureau établi près le tribunal du domicile du défendeur ne pouvait prendre, à une si grande distance, des renseignements utiles sur la réalité de l'indigence alléguée par le demandeur et sur le bien fondé de sa demande. Le principe que le bureau établi près le tribunal compétent pour statuer sur le fond de l'affaire devra connaître de la question d'Assistance Judiciaire subsiste, sauf une restriction apportée par l'article 8 de la loi de 1851 ; en effet, la demande, afin d'Assistance Judiciaire, est bien remise par l'intéressé au procureur de la République du tribunal de son domicile, qui la transmet au bureau d'Assistance établi près ce tribunal ; mais si le tribunal n'est pas compétent, le bureau saisi de la demande recueillera les renseignements nécessaires tant sur l'indigence du demandeur que sur le bien fondé de la demande, et renverra, par l'intermédiaire du parquet, au bureau établi près le tribunal compétent, les renseignements qu'il aura recueillis.

Ainsi donc, le bureau compétent est muni d'un pouvoir complet d'appréciation, tant sur la question d'indigence

que sur le bien fondé de l'instance, et nonobstant l'extrait
du rôle des contributions ou le certificat négatif du percepteur, et malgré la déclaration d'indigence affirmée
sincère en présence du maire ; il pourra, disons-nous,
avec l'article 11 de la loi du 22 janvier 1851, s'entourer de
tous les renseignements et informations de nature à
l'éclairer et qui leur permettront de statuer en connaissance de cause et d'éviter ainsi d'être parfois dupe de
fraudes tendant à soustraire le prétendu indigent au
paiement des droits de timbre et d'enregistrement et des
autres frais de justice.

Enfin, pour s'entourer de toutes les garanties possibles,
le bureau devra donner avis à la partie adverse qu'elle
peut se présenter devant lui, « soit, dit l'article 11, § 2,
« pour contester l'indigence, soit pour fournir des expli-
« cations sur le fond ». L'adversaire, en effet, s'il peut
établir que le demandeur en assistance n'est pas indigent,
a intérêt à faire cette preuve : en effet, le bénéfice de
l'Assistance Judiciaire ayant été accordé au demandeur,
si celui-ci succombe, le défendeur reste tenu des frais
qu'il aura exposés ; si, au contraire, l'Assistance Judiciaire
a été refusée au demandeur, les frais faits par le défendeur
qui triomphe seront recouvrés contre la partie adverse
qui aura succombé, si elle est solvable. Donc, l'adversaire
pourra, devant le bureau compétent, se défendre contre la
demande en assistance ; ce sera aux membres de ce bureau à juger suivant l'équité, tout en tenant un compte
exact de l'esprit de chicane qui anime, le plus généralement, les plaideurs et les pousse à exagérer les faits et les

situations au détriment de la partie adverse et tout à leur propre profit.

L'article 11 *in fine* dispose que si la partie adverse comparaît, le bureau emploiera ses bons offices pour opérer entre les parties un arrangement amiable. Le bureau d'Assistance Judiciaire devra donc tenter une conciliation, c'est ce qu'exprime le paragraphe final de notre article ; mais il ne faut pas voir dans ce bureau, devant lequel l'admission au bénéfice de l'Assistance Judiciaire a été demandée, un tribunal officiel de conciliation ; c'est officieusement que la conciliation sera tentée par les membres du bureau, qui mettront sous les yeux des parties et leur exposeront les avantages d'une conciliation, préférable de beaucoup aux lenteurs, aux ennuis et à l'incertitude que cause un procès, idée simplement et justement exprimée dans ce dicton populaire, bien souvent cité, qu' « un « mauvais arrangement vaut mieux qu'un bon procès ». Il n'y aura pas, comme devant le juge de paix, de procès-verbal de conciliation, ni de mention de non-conciliation ou de défaut ; le défaillant ne sera passible d'aucune amende. Si les parties présentes se concilient devant le bureau, celui-ci, à titre gracieux, pourra rédiger et faire signer une transaction sur les bases convenues, au lieu de les renvoyer à cette fin devant un notaire, ce qui entraînerait quelques frais qu'ils serait désirable de voir éviter à la partie indigente. Nous verrons plus tard que le projet de loi déposé par le gouvernement pour préparer la loi de 1851 avait conféré au bureau d'Assistance les attributions d'un tribunal de conciliation ; mais la commission repoussa cette proposition, le bureau d'Assistance Judiciaire ne pouvant se substituer à un des rouages de l'organisation de la justice, au juge de paix.

Nous pouvons donc, comme conclusion de tout ce que nous venons de dire au sujet de la conciliation tentée par les bureaux, poser ce principe certain que la procédure suivie en vue de l'admission au bénéfice de l'Assistance Judiciaire ne dispense pas les parties en cause du préliminaire de conciliation ; que la demande d'Assistance Judiciaire et les formalités qui la suivent ne peuvent, sous aucun rapport, changer la situation respective des deux parties plaidantes.

Quoique la loi de 1851 ne le dise pas, les parties comparaîtront en personne sans pouvoir être représentées ni par un avocat, ni par un avoué, ni par un fondé de procuration spéciale et authentique. Le rapporteur choisi par le président parmi les membres du bureau, et spécialement chargé des informations à prendre sur l'indigence du postulant et sur le bien fondé de sa demande, conclut, s'il n'y a pas eu conciliation préalable au rejet de la demande ou à l'admission au bénéfice de l'Assistance Judiciaire et le bureau statue, le plus souvent, conformément aux conclusions du rapporteur.

La décision du bureau, dit l'article 12 de la loi de 1851, ne contiendra que l'exposé sommaire des faits et des moyens et la déclaration pure et simple que l'Assistance judiciaire est accordée ou refusée, sans argumentation de motifs dans l'un ni dans l'autre cas. Pourquoi cette disposition ? c'est qu'on veut éviter sans doute que par des considérants vraisemblablement justes le bureau, en motivant sa décision, ne préjuge ainsi du fond de l'affaire et ne dicte aux juges naturels la décision à rendre sur l'affaire qui leur sera soumise. En décidant ainsi, le législateur a bien voulu montrer qu'en accordant ou en refusant l'Assistance Judiciaire sans appréciation motivée, le bureau n'affirme pas que la cause soit bonne ou mauvaise, mais seulement qu'elle présente des apparences favorables ou défavorables de succès.

M. de Vatimesnil fait observer et demande dans son rapport que le bureau devant lequel la demande aura été portée et instruite doive conserver les renseignements qu'il aura recueillis : « En cas d'admission de la demande « en assistance, le travail du bureau peut servir à éclairer « l'avocat et l'avoué de l'assisté, et par conséquent à rendre « plus nette et plus précise la discussion de l'affaire de- « vant le tribunal. En cas de rejet de cette demande, il est « bon que l'assisté connaisse ce travail qui contribuera « souvent à dissiper les illusions funestes qu'il se fait sur « sa cause. » Enfin exiger cet exposé sommaire des faits et moyens de la demande oblige les bureaux souvent négligents à examiner la cause du demandeur d'une façon plus approfondie que s'ils n'avaient été tenus à aucun compte rendu de l'affaire.

La décision une fois rendue est presque tenue pour secrète puisqu'elle ne peut être communiquée qu'au procureur de la République, à la personne qui a demandé l'Assistance Judiciaire, et à ses conseils, c'est-à-dire à son avoué et à son avocat, et le tout sans déplacement du dossier, au bureau même. Elle ne sera nullement produite ni discutée en justice, si ce n'est devant le tribunal de police correctionnelle dans le cas exceptionnel prévu par l'article 26 de la loi du 22 janvier 1851.

On n'a pas voulu, a dit M. de Vatimesnil dans son rapport, que l'autorité du bureau pût faire pencher la balance de la justice en faveur de l'assisté.

Les décisions des bureaux d'assistance ne sont en principe, aux termes de la loi de 1851, susceptibles d'aucune voie de recours, sauf cette restriction, à savoir que le procureur général près la Cour d'appel dans le ressort de laquelle se trouve établi le bureau qui a statué pourra porter, sous un motif quelconque, devant le bureau de la Cour d'appel la décision du bureau du tribunal civil de première instance. Même pérogative est laissée au procureur général près la Cour de cassation, sur la demande du bureau d'assistance établi devant cette Cour suprême.

Nous ne sommes plus ici en présence de décisions de justice attaquables par les voies ordinaires de l'appel ou de l'opposition ; l'appel seul est exercé contre les décisions des bureaux par le procureur général ; si l'on prenait à la lettre le texte de la loi, ce serait dire qu'elles sont irrévocables.

Nous pensons qu'il serait bien préférable d'ouvrir à la partie prétendue indigente une voie de recours; il arrive trop souvent qu'elle se verra refuser l'assistance judiciaire sous l'influence d'un parti pris, de haines politiques locales, de sorte que l'indigent victime de considérations nullement juridiques sera privé de tout recours contre la décision qui aura rejeté sa demande, peut-être bien fondée.

Puisque parallèlement aux juridictions d'appel et à côté d'elles il existe des bureaux d'Assistance Judiciaire, sorte de commission supérieure au-dessus des bureaux d'Assistance établis près les tribunaux civils de première instance, ne pourrait-on pas donner à la partie indigente qui a succombé dans sa demande afin d'assistance le droit d'appeler dans un certain délai de la décision rendue contre elle? nous ne demandons ce droit qu'à l'égard de la partie qui se prétend indigente, parce que le droit de l'adversaire reste entier et qu'il peut toujours, après l'admission ou le rejet de la demande en assistance formée par la partie adverse, ou même concurremment à cette demande, intenter son action ou y défendre; bien au contraire, le véritable indigent, privé par la décision du bureau du bénéfice de l'Assistance Judiciaire, se verra dans l'impossibilité matérielle la plus complète de formuler et de soutenir sa prétention en justice. C'est pourquoi l'Assistance Judiciaire étant une institution purement charitable, et devant être par définition à l'abri de tout esprit de parti, il faut donner à l'individu qui se prétend indigent tous les moyens possibles de prouver son indigence. Il y a là dans la question d'admission au bénéfice de l'Assistance Judiciaire, comme une question préjudicielle à l'action, et dont la décision devrait être, comme en matière de jugements avant faire droit, susceptible au profit de l'indigent de voies de recours recevables dans des délais très restreints et incapables, par leur nature, de retarder beaucoup l'introduction de l'instance, le bureau d'appel pouvant statuer d'après les renseignements recueillis par le bureau de première instance. — D'ailleurs, à tout prendre, n'arrive-t-on pas indirectement et par l'intermédiaire du procureur général au résultat que nous désirons ? le parquet général est investi par la loi de 1851 d'une sorte de surveillance, de contrôle sur le fonctionnement de l'Assistance Judiciaire et des bureaux en particulier ; en fait, le procureur général ne sera informé du mauvais fonctionnement des bureaux et des décisions rendues contrairement à l'esprit et au but de la loi que par le procureur de la République du tribunal près lequel le bureau qui a rendu la décision attaquée est établi ou son substitut. Or, nous savons pertinemment que les membres du ministère public n'usent presque jamais de ce droit d'initiative qui leur est délégué par le procureur général ; ils n'appellent l'attention de ce dernier sur une décision injuste ou illégale d'un bureau d'arrondissement que sur la demande ou la plainte des intéressés ; et le procureur général statue et conclut ou non au renvoi de la décision près le bureau d'appel, conformément au rapport dressé par le procureur de la République.

On arrive ainsi à ce résultat contradictoire qu'on a voulu exclure le ministère public du bureau chargé de connaître de la demande en assistance, parce que le ministère public étant entendu dans toutes les affaires où l'un des plaideurs a été admis au bénéfice de l'Assistance Judiciaire, il ne pouvait donner son avis sur la question d'admission sans perdre son indépendance et son impartialité ou ce qui concerne le jugement de l'affaire ; or, nous voyons ici le procureur de la République, après une plainte ou une demande de la partie intéressée, appelé à conclure sur l'affaire dans un rapport transmis au procureur général et sur lequel celui-ci prononcera le maintien ou le renvoi au bureau de la Cour d'appel de la décision suspectée rendue par le premier bureau.

La contradiction est donc flagrante entre le but que la loi s'était proposé et le résultat obtenu ; mais elle pouvait et peut encore être évitée en donnant à la partie ou aux parties intéressées le droit d'appeler de la décision du bureau d'arrondissement devant le bureau supérieur de la Cour d'appel.

Rien ne s'oppose non plus à ce qu'un bureau statuant entre les mêmes parties et après un intervalle quelconque, accorde l'Assistance Judiciaire après l'avoir refusée une première fois. En effet, la règle *non bis in idem* ou de l'autorité de la chose jugée ne peut être applicable ici comme en matière judiciaire, la situation pécuniaire d'une personne pouvant varier suivant des circonstances de fait dans un court espace de temps.

Disons enfin, et pour résumer l'article 9 de la présente loi, que l'Assistance Judiciaire ayant été accordée, si le tribunal près duquel le bureau qui a statué est établi et devant lequel l'affaire aura été portée se déclare incompétent, le bénéfice accordé subsiste si l'affaire est renvoyée devant une autre juridiction de même nature et de même ordre, c'est-à-dire dans les cas d'incompétence *ratione personæ*.

En terminant cette étude du fonctionnement de l'Assistance Judiciaire devant les bureaux et de leur compétence, disons que l'indigent qui a obtenu le bénéfice de l'Assistance Judiciaire pour plaider devant le tribunal de première instance et qui a triomphé au procès, conservera la faveur qui lui a été accordée pour plaider devant la Cour d'appel, s'il est intimé en même appelant incident, et devant la Cour de cassation s'il y est poursuivi par son adversaire également condamné en appel. Mais si, au contraire, l'indigent assisté est appelant principal, soit devant le tribunal civil de première instance, soit devant la Cour d'appel, ou s'il forme un pourvoi en cassation, il ne jouira du bénéfice de l'Assistance Judiciaire devant chacune de ces juridictions d'appel, qu'autant qu'il sera admis à ce bénéfice en vertu de décisions nouvelles et successives ; l'indigent adressera sa demande d'assistance à cet effet, soit au procureur de la République, soit au procureur général près la Cour d'appel ou la Cour de cassation, suivant la nature du bureau auquel la demande devra être transmise.

Les séances des bureaux d'Assistance Judiciaire ne sont pas publiques.

Après avoir étudié avec le chapitre premier du titre premier de la loi du 22 janvier 1851, la procédure suivie pour l'obtention du bénéfice de l'Assistance judiciaire, nous allons aborder avec le chapitre second de ce même titre les effets de l'Assistance Judiciaire. Nous nous arrêterons plus longtemps sur ces dispositions de la loi, car c'est là que nous rencontrerons la critique principale adressée à notre institution, critique si souvent formulée et dont la justification, fréquemment renouvelée, nous donna l'idée de ce travail dont l'objet est d'envisager la réforme possible d'un état de choses défectueux, préjudiciable aux intérêts des pauvres et contraire à l'idée qui fut la base de l'organisation de l'Assistance Judiciaire.

2° *Des effets de l'Assistance Judiciaire.*

La loi du 22 janvier 1851 a eu pour effet certain et primordial de donner aux pauvres un conseil gratuit, qui est le bureau d'Assistance Judiciaire. Remarquons que la décision d'admission entraîne à l'égard de l'indigent assisté une déchéance, en le privant en quelque sorte du droit d'organiser lui-même sa défense : mais en quoi va consister pour l'individu reconnu indigent le bénéfice de l'Assistance Judiciaire qui lui aura été accordé par décision du bureau ? Il crée des immunités en remettant à l'indigent les frais que tout plaideur fait, soit au profit du Trésor, soit au profit des officiers ministériels dont il demande les services. Depuis longtemps déjà, nous l'avons vu plus haut, avocats et avoués, mettant leurs services et leur talent à la disposition des pauvres, avaient généreusement fait à leur profit l'abandon des émoluments, salaires ou honoraires auxquels ils avaient droit. La loi du 22 janvier 1851 est venue réglementer et ordonner la nomination d'office des officiers ministériels chargés de défendre la cause de l'indigent admis au bénéfice de l'Assistance judiciaire. Cette disposition fait l'objet de l'article 13 de no-

tre loi, que nous reproduisons intégralement et sans commentaire : « Dans les trois jours de l'admission le prési-
« dent du bureau envoie, par l'intermédiaire du procureur
« de la République, au président de la Cour ou du tribu-
« nal ou au juge de paix, un extrait de la décision portant
« seulement que l'Assistance est accordée ; il y joint les
« pièces de l'affaire. Si la cause est portée devant une Cour
« ou un tribunal civil, le président invite le bâtonnier de
« l'ordre des avocats, le président de la Chambre des
« avoués et le syndic des huissiers à désigner l'avocat,
« l'avoué et l'huissier qui prêteront leur ministère à l'as-
« sisté. S'il n'existe pas de bâtonnier ou s'il n'y a pas de
« Chambre de discipline des avoués, la désignation est
« faite par le président du tribunal. Si la cause est portée
« devant un tribunal de commerce ou devant un juge de
« paix, le président du tribunal ou le juge de paix se borne
« à inviter le syndic des huissiers à désigner un huissier.
« Dans le même délai de trois jours, le secrétaire du bu-
« reau envoie un extrait de la décision au receveur de
« l'enregistrement. » La première partie de ce texte ne
nécessite aucun développement. Quant au paragraphe
final concernant l'envoi par le secrétaire du bureau d'un
extrait de la décision au receveur de l'enregistrement,
nous le comprendrons mieux après les commentaires que
nous allons donner sur l'article 14 de la loi de 1851 auquel
nous arrivons.

C'est dans cet article, en effet, que réside le principe
essentiel et nouveau dans la loi française de l'Assistance
Judiciaire, l'idée de généralisation et d'extension du bé-

néfice des pauvres à toutes sortes de procédures, sauf quelques exceptions déjà signalées ; enfin la dispense provisoire accordée à l'assisté du paiement des sommes dues au Trésor et aux officiers ministériels, avocats ou greffiers.

§ 1. — Des sommes dues au Trésor ?

Quelles sont les sommes au paiement desquelles le Trésor avait le droit de prétendre ? la loi de 1851 énumérait les sommes dues pour droits de timbre, d'enregistrement et de greffe. Nous savons que la justice était rendue gratuitement, en ce sens que depuis 1789 les juges qui la rendaient étaient des fonctionnaires salariés par l'Etat. Mais nous savons aussi que les droits de greffe, de timbre et d'enregistrement rentrent aussi dans les frais de justice, et que l'indigent dans l'impossibilité d'en faire l'avance se verra refuser toute justice. « Le premier devoir de la « royauté est de rendre ou de faire rendre la justice à ses « sujets ; c'est une dette que le roi paie quand il les met « en état de la recevoir gratuitement, et il ne s'en acquitte « qu'imparfaitement lorsqu'il leur vend en quelque ma- « nière ce qu'il est obligé de leur donner (1) » disait d'Aguesseau à une époque où les idées d'égalité étaient moins en honneur que maintenant. Nous avons reconnu que les droits de timbre et d'enregistrement avaient tous les ca-

(1) Mémoire sur les vues générales que l'on peut avoir pour la réformation de la justice.

ractères d'un impôt perçu au profit de l'Etat ; or, l'indigent étant en principe dispensé de l'impôt, ne devait-il pas bénéficier de la même dispense s'agissant des droits de timbre et d'enregistrement ? N'était-il pas juste aussi qu'en présence du désintéressement et de la générosité dont avaient fait preuve avant la loi de 1851 les avocats et les avoués, ainsi que tous les officiers ministériels, l'Etat ne fît pas aussi au profit des pauvres et des individus reconnus indigents l'abandon provisoire des droits de timbre et d'enregistrement, pour leur faciliter l'accès des tribunaux ?

Tel est le progrès qu'a réalisé la loi du 22 janvier 1851 ; l'assisté est dispensé provisoirement du paiement des sommes dues au Trésor pour droits de timbre, d'enregistrement et de greffe, ainsi que de toute consignation d'amende, et sur ce dernier point la loi de 1851 n'a fait que reproduire une disposition déjà existante.

L'assisté donc jouira d'abord de la dispense du timbre et de l'enregistrement pour formuler sa demande afin d'assistance judiciaire, de même pour les pièces et certificats qu'il devra fournir à l'appui de cette demande, et pour la décision du bureau elle-même ; et comme conséquence de cette admission et après l'accomplissement des formalités imposées au secrétaire du bureau vis-à-vis du receveur d'enregistrement, l'assisté sera dispensé du paiement des droits de timbre et d'enregistrement pour tous les actes de procédure faits à sa requête. Mais la dispense du paiement de ces droits n'emporte pas, comme on pourrait le croire, dispense des formalités du timbre et de l'enregistrement. Nous voulons dire par là que la procédure suivie à la requête de la partie qui aura obtenu l'assistance judiciaire sera exactement semblable et soumise aux mêmes formalités que la procédure ordinaire suivie à la requête d'une partie non indigente.

Les actes de la procédure seront donc visés pour timbre et enregistrés en débet. Qu'est-ce à dire ? C'est dire qu'au papier timbré on substituera un papier quelconque non taxé, mais soumis à la nécessité d'un visa constatant la valeur équivalente qu'il eût fallu employer en papier timbré pour faire le même acte ; les feuilles employées étant de la même dimension que les feuilles timbrées à 0 fr. 60, 1 fr. 20 ou 1 fr. 80 seront comptées et le coût en sera calculé par le receveur au bas de l'acte soumis au visa, comme si elles avaient été en réalité payées aux caisses du trésor. Et de même que l'absence de timbre soumet la partie contrevenante au paiement d'une amende sans entraîner la nullité de l'acte, de même l'absence du visa pour timbre fait encourir une amende à la partie intéressée ou à l'officier ministériel à qui incombait le soin de remplir cette formalité, sans que l'acte lui-même ni la procédure qui l'aura suivi soient susceptibles d'être annulés.

Quant à la formalité de l'enregistrement en débet, les actes de la procédure intéressant les indigents y sont également soumis : le receveur de l'enregistrement avisé par l'envoi que lui fait le secrétaire du bureau de l'extrait de la décision d'admission que telle personne a, en vue de telle action à intenter ou à défendre, été admise au bénéfice de l'Assistance Judiciaire sera tenu d'enregistrer les actes de la procédure faits à la requête de l'assisté comme tous autres actes de procédure ordinaire, en mentionnant sur ses registres l'acte soumis à la formalité et sur l'acte lui-même la date, le folio et la case de l'enregistrement, le montant des droits à percevoir, en indiquant que l'enregistrement a eu lieu en débet, c'est-à-dire que les droits en sont encore dûs au trésor. Cette formalité de l'enregistrement en débet sera exigée suivant les mêmes lois et dans les mêmes délais que l'enregistrement ordinaire, à peine de nullité ou d'amende.

Pour éviter à l'administration de l'enregistrement un double travail, et afin de ne pas augmenter encore les lenteurs de la procédure toujours préjudiciables aux plaideurs, la loi a décidé que la double formalité du visa pour timbre et de l'enregistrement en débet serait remplie par le receveur simultanément sur l'original de l'acte au moment de son enregistrement.

Si nous lisons attentivement l'article 14 de la loi du 22 janvier 1851 et, quoiqu'il dise au début que l'assisté sera provisoirement dispensé du paiement des sommes dues au Trésor et aux officiers ministériels, avocats et greffiers, nous verrons que pour le paiement des droits de timbre et d'enregistrement la dispense provisoire n'est pas la même, suivant qu'il s'agit de certains actes soumis à ces formalités et de droits variables suivant les cas.

Il est, en effet, des droits qui n'incomberont jamais à l'adversaire de l'assisté et dont le recouvrement sera poursuivi contre l'assisté lui-même, qu'il ait gagné ou perdu son procès. Il s'agit ici de droits ou d'amendes de timbre et d'enregistrement afférents à des actes nécessaires au procès, mais soumis à l'enregistrement indépendamment du procès en vue duquel ils sont produits. Supposons, par exemple, qu'il faille produire au procès des actes dont les lois ordonnent l'enregistrement dans un délai déterminé pour qu'ils soient valables, sommations ou procès-verbaux ; dans ces cas, l'administration de l'enregistrement fera l'avance des droits pour ne pas entraver la marche de l'action et pour que la procédure ne pût être déclarée nulle faute de l'enregistrement d'une des pièces ; mais le procès terminé, elle en recouvrera le montant contre l'assisté.

Parmi ces droits dont le recouvrement est poursuivi par l'administration dans tous les cas, figurent certaines avances faites par le Trésor pour les besoins de la cause aux frais de laquelle le bénéfice de l'Assistance Judiciairé a été accordé. Ces avances sont prévues par l'article 14 *in fine* de la loi de 1851 : « Les frais de transport des juges, « des officiers ministériels et des experts, les honoraires « de ces derniers et les taxes des témoins dont l'audition a « été autorisée par le tribunal ou le juge-commissaire sont « avancés par le Trésor, conformément à l'article 118 du « décret du 18 juin 1811 ». C'est qu'en effet, les transports et voyages imposés aux juges, officiers ministériels et experts, constituent pour eux des déboursés et il n'est pas entré dans l'esprit du législateur de 1851, de grever les juges et les officiers ministériels de charges pécuniaires souvent assez sérieuses. Le juge étant un fonctionnaire salarié par l'Etat, il est juste que celui-ci lui assure le paiement des frais qu'il est obligé de faire pour l'exercice de ses fonctions.

De même, il serait injuste de priver les témoins entendus à la requête d'un indigent assisté de l'indemnité à laquelle ils ont droit et qui compense la perte de temps et de travail occasionnée par leur comparution devant le tribunal ou le juge chargé de l'enquête en leur qualité de témoins. Les témoins cités à la requête de l'assisté pouvant être eux-mêmes indigents ou nécessiteux, l'indemnité à laquelle ils ont droit devra leur être versée aussitôt la comparution ; or, l'assisté se trouve dans l'impossibilité de consigner la somme suffisante pour indemniser les témoins qu'il aura fait citer ; à qui imposer le soin de cette avance ? l'administration de l'enregistrement, pour permettre à l'assisté de poursuivre la procédure engagée, fera l'avance immédiate des frais de l'enquête, sauf à elle à en poursuivre après le jugement le recouvrement sur exécutoire délivré contre la partie condamnée, ou contre l'assisté lui-même si l'adversaire est totalement insolvable. Le recours de l'administration sera donc parfois purement illusoire, aussi n'exposera-t-elle pas de nouveaux frais d'exécution en présence de débiteurs insolvables. La loi, d'après l'article 281 du Code de procédure civile, ne passant en taxe que cinq témoins sur un même fait, l'administration ne sera pas tenue d'en indemniser un plus grand nombre.

Les experts nommés par le tribunal ne faisant aucunement partie du personnel de l'Administration Judiciaire ne peuvent être obligés de remplir gratuitement la mission qui leur a été confiée, mission qui expose souvent l'expert désigné à des frais de déplacements, de visites des lieux d'études et de correspondance et conduit le plus souvent à la rédaction et au dépôt d'un rapport, conclusion de son travail. L'esprit de la loi de 1851, nous le répétons, a été de mettre l'assisté dans un état complet d'égalité vis-à-vis de son adversaire; on a pensé avec raison que si les témoins cités par l'assisté et les experts nommés par le tribunal n'étaient point assurés de recevoir l'indemnité due pour leur déplacement ou le montant de leurs frais et honoraires, il eût été à craindre que leur diligence ne fût mesurée à la solvabilité de l'adversaire et de l'assisté.

En résumé donc, en ce qui concerne le paiement des droits de timbre et d'enregistrement des actes soumis à ces droits indépendamment de tout procès, de même qu'en ce qui concerne le paiement des amendes encourues par l'assisté, l'administration ne pourra le poursuivre que contre l'assisté seul et non contre l'adversaire même condamné aux dépens. Au contraire, le remboursement des avances faites par le trésor pour les frais de transport des juges et officiers ministériels, la taxe des témoins et les honoraires des experts, pourra être poursuivi contre l'adversaire condamné aux dépens du procès, ou contre l'assisté lui-même si la partie condamnée est insolvable ou si l'assisté a succombé au procès; le président du tribunal devra resteindre autant que possible et aux cas absolument obligatoires les procédures coûteuses d'expertise, d'enquête et de transport des juges.

Tout ce que nous venons de dire découle de ce principe dominant que l'Assistance Judiciaire n'est accordée qu'en vue d'une action précise à intenter ou à combattre, et que la dispense provisoire qu'elle entraîne comme conséquence ne s'applique qu'au paiement de frais nécessaires à la procédure désignée et à la marche normale du procès et non au paiement de frais encourus nonobstant l'existence de ce procès.

Les droits d'enregistrement autres que les peines fiscales et les droits de timbre et de greffe perçus en débet sur les actes de la procédure pour laquelle l'Assistance Judiciaire a été accordée, ainsi que les frais et honoraires dûs aux avoués, greffiers, huissiers ou autres officiers ministériels, deviendront exigibles après que le jugement sera passé en force de chose jugée. Si la condamnation aux dépens est prononcée contre l'adversaire de l'assisté, la taxe comprendra tous les droits, frais et honoraires exposés par l'assisté, comme s'il n'y avait pas lieu à admission à l'Assistance Judiciaire, et l'exécutoire sera délivré contre la partie condamnée au nom de l'administration de l'enregistrement. Mais qu'arrivera-t-il pour le recouvrement de ces frais ordinaires de procédure si l'adversaire est insolvable ou si l'assisté perdant son procès a été condamné aux dépens? Il y eut discussion sur ce point à l'Assemblée, les projets du gouvernement et du Conseil d'Etat différant : le Conseil d'Etat considérant l'assisté comme tenu après le jugement définitif de payer au trésor les sommes avancées pour droits de timbre, d'enregistrement et de greffe, et aux officiers ministériels celles à eux dues ; le gouvernement regardant l'admission au bénéfice de l'Assistance Judiciaire comme un bienfait, un don définitif.

En effet, peut-être que sans le conseil et la facilité accordée à l'assisté par l'admission pour plaider, celui-ci ne se fût pas engagé dans un procès ; aussi serait-il injuste, s'il succombait, de lui faire supporter des frais que sans l'Assistance Judiciaire il n'eût pas exposés ; il ne fallait pas que le Trésor pût recueillir ainsi un bénéfice perçu sur la misère et l'inexpérience des classes peu fortunées de la société.

Lors de la seconde délibération à la Chambre sur le projet de loi sur l'Assistance Judiciaire, M. Charamaule, député, s'appuyant sur la disposition de l'article 13 du décret du 11 décembre 1810, portant « qu'il faut apporter la plus « grande attention aux consultations gratuites, afin qu'elles « ne servent point à vexer les tiers », demanda à l'Assemblée que, quand l'adversaire de l'assisté n'est pas indigent ou n'a pas été reconnu tel par une décision du bureau compétent, on enregistrât en débet et on visât aussi pour timbre les actes de la procédure faits à sa requête. Il voulait éviter que l'indigent mal intentionné pût faire ce raisonnement : je vais obtenir l'Assistance Judiciaire pour poursuivre, pour tel ou tel motif, mon voisin plus fortuné que moi et dont je suis jaloux ; de deux choses l'une : ou je triompherai contre lui et j'aurai atteint mon but ; ou bien je serai condamné, mais étant insolvable, mon adversaire n'aura contre moi qu'un recours purement illusoire, et sera dans tous les cas tenu d'acquitter les frais qu'il aura dû faire pour sa défense, et ici encore mon but sera atteint. — Ce raisonnement séducteur qui vient naturellement à l'esprit tombe devant les objections suivantes soulevées par le rapporteur de la loi M. de Vatismesnil : ne sommes-nous pas toujours exposés, disait-il, à ce qu'un insolvable nous intente un mauvais procès ? il ne le pourra pas, il est est vrai, sans exposer au moins quelques frais. Nous pensons au contraire que l'adversaire de l'assisté aura comme une sorte de garantie du bien fondé de la prétention de l'indigent dans la décision du bureau admettant cet indigent au bénéfice de l'Assistance Judiciaire en vue de l'instance qu'il veut engager, et rendue en connaissance de cause. Il est bien évident, en effet, que le trésor ne fera pas en pure perte l'avance des frais d'une procédure stérile ; aussi l'admission à l'Assistance Judiciaire n'est-elle prononcée que lorsque le postulant apporte à l'appui de sa demande des éléments capables de déterminer la conviction du tribunal.

Disons maintenant que l'amendement proposé par M. Charumaule et ainsi conçu : « dans les causes engagées « au nom de l'assisté toutes parties sont provisoirement « dispensées... » fut repoussé à une grande majorité dans la séance du 7 décembre 1850.

Nous reprochons au législateur de 1851 le peu de précision donnée au texte à ce point de vue, mais notre avis est que le trésor ne peut poursuivre contre l'assisté, au cas d'insolvabilité de la partie condamnée ou de perte du procès, le recouvrement des frais faits à son nom ; sauf la restriction indiquée plus haut pour les sommes constituant des avances faites par le trésor et pour les peines fiscales, et sauf aussi les cas de retrait de l'Assistance Judiciaire dont nous dirons plus loin quelques mots.

§ II. — Des sommes dues aux officiers ministériels.

Qu'entendons-nous quand nous parlons des sommes dues aux officiers ministériels, greffiers et avocats, pour droits, émoluments et honoraires ?

En ce qui concerne les honoraires des avocats nous avons vu qu'avant même la loi de 1851, le barreau se faisait, suivant un vieil usage, une généreuse obligation de défendre gratuitement les droits des pauvres devant les tribunaux. La loi du 22 janvier 1851 ne fit que consacrer et réglementer par un texte la pratique depuis si longtemps en honneur dans l'ordre des avocats. Nous ne pensons pas que l'administration de l'enregistrement puisse poursuivre contre l'adversaire de l'assisté condamné aux dépens ou contre l'assisté lui-même au cas de retrait de l'Assistance Judiciaire, les honoraires auxquels l'avocat pourrait avoir droit, car nous savons que les honoraires d'avocat ne passant point en taxe, sauf un modique droit de 15 francs recouvré par les soins de l'avoué, ne peuvent être réclamés en justice, et que tout plaideur qui triomphe ne peut jamais mettre à la charge de son adversaire vaincu et condamné aux dépens les honoraires de plaidoirie qu'il s'est engagé à payer ou qu'il a payés à son avocat.

A quoi fait donc allusion l'article 14, alinéa 2ᵉ de la loi de 1851, lorsqu'il dispose que l'assisté est dispensé du paiement des sommes aux avocats ? C'est sans doute à cet article qui figure dans les états de frais rédigés par les avoués sous cette rubrique « plaidoirie de l'avocat » dont la quotité est variable suivant que l'affaire soumise au tribunal est ordinaire ou sommaire, suivant le montant de la demande, et suivant que le jugement a été rendu contradictoirement ou par défaut. Or, en fait, quelle que soit cette somme, si elle a été recouvrée par les soins de l'enregistrement contre la partie condamnée, elle n'est jamais, du moins à Paris, remise à l'avocat qui a plaidé et figuré au rang et dans la colonne des émoluments de l'avoué ; en réalité, c'est le trésor qui profite de ce droit. Nous ne comprenons donc pas pourquoi cette dispense du paiement des sommes dues à l'avocat au profit de l'assisté figure dans l'article 14 de la loi de 1851, puisque l'avocat met gratuitement son talent à la disposition de l'indigent assisté et que d'ailleurs les règlements de l'ordre lui refusent toute action pour demander le paiement de ses honoraires.

Les règlements de l'Ordre des avocats de Paris sont formels à cet égard : l'avocat, en effet, peut recevoir des honoraires volontairement offerts, mais la remise de l'honoraire ne comporte pas de reçu et l'avocat n'en doit pas donner. De différents avis du conseil de l'Ordre, il résulte : que l'avocat nommé d'office, c'est le cas de l'avocat commis par l'Assistance Judiciaire, ne peut ni demander ni accepter un honoraire même spontanément offert (A. 20 février 1894). Ailleurs : « Les avocats ne doivent en aucun cas « recevoir d'honoraires en matière d'Assistance Judiciaire ; « ils n'en peuvent recevoir ni du client, ni du trésor. » (A. 5 décembre 1894), il ne peut même recevoir ceux qui sont compris dans la taxe ; « des démarches ont été et « seront faites pour éviter que les honoraires des avocats

« des affaires d'Assistance Judiciaire soient payés et même
« compris dans la taxe des dépens. » (A. 11 novembre
1856) (1).

Les greffiers de Justice de paix, des tribunaux de première instance et d'appel n'auront droit à aucun salaire
pour tout ce qui concerne l'instance suivie à la requête de
l'assisté et le jugement rendu à son profit : aucun droit de
mise au rôle, aucun salaire ne sera perçu pour les visas,
pour la grosse du jugement. Le greffier, tout en ayant le
droit de percevoir certains salaires est un agent salarié par
l'Etat.

L'assisté au profit duquel un jugement sera rendu
pourra donc s'en faire délivrer gratuitement par le greffier
une grosse sur papier non timbré. Mais une difficulté apparaît ici : l'adversaire non indigent ou auquel l'Assistance
Judiciaire a été refusée, obtient contre l'assisté un jugement de condamnation, devra-t-il pour lever le jugement
acquitter les droits de timbre, d'enregistrement et de
greffe ? sans aucun doute, car en principe l'Assistance
Judiciaire ne peut bénéficier qu'à ceux auxquels elle a été
accordée par une décision du bureau.

Nous faisons remarquer ici que les droits de greffe perçus
par le trésor en vertu de la loi de ventôse an VII, encore à
l'époque de la promulgation de la loi de 1851, viennent
d'être supprimés par la loi de finances de 1892, du moins
en matière civile ; ces droits tantôt fixes tantôt propor-
tionnels étaient perçus au profit du trésor par le greffier
qui en retenait le dixième.

(1) CRESSON. — *Abrégé des usages et règles de la profession d'avocat.*

Si les droits de greffe ont disparu, les greffiers continuent à percevoir le dixième de ce qu'aurait reçu le trésor, sans la prohibition de la loi de 1892 ; c'est donc un droit qui n'a plus de base, mais qui en pratique est perçu ; et si l'expression *droits de greffe* est inexacte, nous pouvons la remplacer par celle-ci, *droits du greffier* ; tel est le sens que nous entendrons donner dans la suite aux mots employés par le législateur de 1851.

Néanmoins il a été décidé que lorsque plusieurs parties en cause, dont une seulement est assistée, sont pareillement intéressées à l'accomplissement d'une formalité ou d'un acte commun, elles bénéficient de la faveur du visa pour timbre et de l'enregistrement en débet. Dans la pratique, lorsqu'un jugement avant faire droit ordonnant une enquête ou une expertise a été rendu au cours d'une instance, en divorce ou en demande de dommages-intérêts pour accident, par exemple, dans laquelle l'une des parties seulement a été admise au bénéfice de l'Assistance Judiciaire, il arrive parfois, quoique le jugement doive être levé et signifié et que les frais qu'il entraîne doivent être payés par le demandeur, que la partie non assistée ayant intenté l'action, demande par l'intermédiaire de son avoué à l'avoué de la partie assistée, de lever et de signifier le jugement, ce qui la dispensera de certains frais. Nous signalons ici cette légère contravention à la loi de 1851 et aux lois sur le timbre et l'enregistrement. — De même qu'entre cohéritiers dont l'un d'eux aura été admis au bénéfice de l'Assistance Judiciaire, lorsqu'un jugement interlocutoire aura été rendu, ce jugement sera levé et si-

7

gnifié et l'acte de liquidation après partage sera dressé à la requête de la partie indigente. Ce sera au bureau d'Assistance devant lequel la demande est portée à prévoir cette fraude et à rendre une décision négative si la succession est réputée bonne.

Il nous reste, enfin, à donner quelques développements sur les prétendues sommes dues aux officiers ministériels pour droits, émoluments et honoraires. Les officiers ministériels visés par l'article 14 de notre loi de 1851, sont les avoués, huissiers et notaires, chargés d'occuper pour les indigents assistés ou de leur prêter leur ministère pour l'accomplissement d'actes en vue desquels ils ont été admis par décision spéciale au bénéfice de l'Assistance Judiciaire. Nous avons vu comment ils étaient désignés pour chaque affaire par le président ou le syndic de leurs Chambres de discipline ou corporation.

L'assisté, auquel un avoué aura été désigné, en même temps que le dossier de l'affaire sera adressé à ce dernier, sera averti par les soins du bureau même et par lettre affranchie, disons, en passant, que le bureau devrait jouir de la franchise du port des lettres à l'égard de l'assisté, qu'il pourra se présenter chez l'avoué commis qui lui est désigné, pour lui expliquer sa cause et lui fournir les renseignements et les pièces nécessaires à la conduite raisonnée de l'instance soumise.

Au dossier remis à l'avoué, figurent, avec l'extrait de la décision d'admission et la demande de l'intéressé au procureur de la République, le nom et l'adresse de l'huissier du ressort du tribunal devant lequel l'affaire sera portée, commis par son syndic, auquel l'avoué devra adresser les pièces de procédure à délivrer ou signifier, sommations ou assignations, et qui devra signifier le jugement rendu à la requête de l'assisté, l'exécuter, s'il y a lieu, bref, faire tous les actes rentrant dans l'exercice de son ministère.

Toute pièce de procédure dispensée des droits de timbre, d'enregistrement, de greffe et de tous autres frais, devra porter la mention « Assistance Judiciaire » et la date de la décision d'admission, afin d'éviter des recherches au receveur d'enregistrement et au greffier, recherches qui ne pourraient que retarder la marche de la procédure, ou à défaut desquelles des droits seraient perçus indûment. Il n'est dû, dit la loi de 1851, par l'assisté à l'avoué, à l'huissier ou au notaire aucune somme pour frais, émoluments et honoraires. Les frais de transport qui constituent des déboursés immédiats pour les officiers ministériels sont, ainsi que nous l'avons précédemment expliqué, avancés par le trésor.

Quant aux frais, émoluments et honoraires proprement dits, ce qu'on désigne couramment par les frais taxables, ils seront recouvrés contre l'adversaire de l'assisté condamné aux dépens ou contre l'assisté contre lequel le retrait de l'Assistance Judiciaire aura été prononcé.

Mais à côté des frais de transport, qui sont, aux termes de la loi, avancés par le trésor, il existe, pour les officiers ministériels et particulièrement pour l'avoué, des frais qui constituent au même titre des déboursés immédiats et qui ne bénéficient pas de la même faveur que les frais de transport ; aussi, restent-ils, le plus souvent, à la charge de l'avoué qui les a exposés, car l'adversaire de l'assisté étant, dans la plupart des cas, indigent lui-même, le recouvrement des frais avancés par l'officier ministériel est désormais impossible.

Nous voulons parler des frais de correspondance et de port des pièces qui sont assez importants. Or, pour qu'une affaire suive son cours normal, rapide, si nous pouvons parler ainsi, il faut, tant avec l'avoué de l'adversaire qu'avec la partie assistée, son huissier ou son avocat, entretenir une correspondance constante, accompagnée d'envois de pièces. Si nous voulons estimer approximativement le montant des frais de correspondance exposés par l'avoué, et si nous nous en tenons au ressort du tribunal civil de la Seine, nous pouvons fixer, sans la moindre exagération, à plus de cent le nombre des affaires, dans lesquelles l'un des plaideurs est assisté, distribuées dans chacune des études d'avoués de Paris ; estimant à 5 francs par affaire la moyenne des frais de correspondance et de port de pièces, les procédures si longues de divorce étant assurément les plus nombreuses, nous atteignons à la somme de 500 francs par année, représentant le montant des frais supportés par l'avoué. — Il serait juste et désirable de voir mettre sur le même rang que les frais de transport, les frais de correspondance, dont l'avance serait faite par le trésor au même titre que pour lesdits frais de transport ou d'indemniser l'avoué de cette dépense en lui attribuant, au début de chaque affaire, une certaine somme variable suivant la nature de l'instance et destinée à le couvrir de ses déboursés.

Mais ne pourrait-on pas, suivant un autre système, affranchir de la taxe les lettres et envois de pièces concernant l'affaire pour laquelle l'Assistance Judiciaire a été accordée ? La réalisation pratique de cette idée semble difficile, à cause des fraudes qu'il s'agit d'éviter. Nous pensons que ce résultat pourrait être obtenu en marquant l'enveloppe soumise à la poste, d'un signe extérieur, d'un timbre spécial, indiquant que le pli à envoyer concerne une affaire d'Assistance Judiciaire et portant, pour faciliter le contrôle, la date de l'admission. Mais pour que ce procédé soit pratique, il faut s'en rapporter à la bonne foi des officiers ministériels, qui auront à user du timbre spécial en question, sauf les poursuites et amendes possibles pour fraude à la loi, engagées et prononcées par l'administration des postes contre tout officier ministériel qui aurait contrevenu aux règlements prescrits pour la mise en pratique de ce mode de franchise. Nous pensons qu'il y aurait là une réforme à apporter à la loi de 1851 et digne de retenir un moment l'attention de nos législateurs.

Contrairement à ce qui a lieu pour la désignation de l'avoué et de l'huissier chargés d'occuper pour l'assisté dans telle affaire, l'avocat chargé de la plaidoirie ne sera désigné d'office par le bâtonnier de l'ordre qu'au cours de la procédure. C'est, du moins, ainsi que les choses se passent à Paris, où l'on a reconnu que l'avocat, le plus souvent un stagiaire, commis dès le principe de l'affaire, avait quitté le barreau au moment de plaider ; aussi, l'usage s'est-il établi de ne faire commettre un avocat que lors de

la sortie du rôle de l'affaire et, à cet effet, l'avoué dépose
au secrétariat de l'ordre des avocats la cote ou feuille de
commission d'Assistance Judiciaire pour que le bâtonnier
y indique un avocat. C'est ce que qu'on appelle, en termes
du palais, le dossier de commission d'avocat.

§ III. — Du recouvrement des frais faits pour l'assisté.

Comme dans les procès ordinaires, nous distinguerons
deux cas, celui de gain, puis celui de perte du procès, dans
deux espèces différentes, celle où l'assisté est en présence
d'un adversaire non assisté, enfin celle où les deux plaideurs sont indigents et assistés.

PREMIÈRE ESPÈCE. — *Un des plaideurs seul est assisté.*
— 1er CAS : *L'assisté gagne son procès.* — Si l'assisté a eu
gain de cause et que l'adversaire ait été condamné aux
dépens, l'article 17 de la loi du 22 janvier 1851, dispose
que, dans ce cas, la taxe comprendra tous les droits, frais
de toute nature, honoraires et émoluments auxquels l'assisté aurait été tenu, s'il n'avait pas obtenu l'Assistance
Judiciaire ; autrement dit, la partie qui succombe paiera
les frais faits par son adversaire, comme s'il n'avait pas
été assisté ; car l'admission à l'Assistance Judiciaire, et tel
est le principe, ne doit modifier en rien la situation respective des deux parties en cause. C'est ainsi que les actes
énumérés à l'article 14, § 6, de la loi de 1851, ou plutôt les
droits auxquels ils ont donné lieu, ne rentreront point dans
les dépens au paiement desquels la partie qui succombe a

été condamnée ; un exécutoire séparé sera délivré, conformément à l'article 18, § 2, de la presente loi, au nom de l'administration de l'enregistrement et des domaines, contre l'assisté pour le recouvrement de ces droits.

Quelle sera la procédure suivie pour le recouvrement des frais ordinaires de procédure? L'article 18 de la loi de 1851, dispose qu'un exécutoire sera délivré au nom de l'administration de l'enregistrement, qui en poursuivra le recouvrement comme en matière d'enregistrement. Voici, en pratique, comment les choses se passent : la condamnation étant prononcée au profit de l'assisté, si la partie adverse ne paye pas volontairement les frais chez l'avoué de l'assisté, celui-ci dressera un état de frais en double original dont l'un sera visé et taxé par un membre de la Chambre des avoués, puis par un des juges composant la Chambre ou le tribunal qui a jugé de l'affaire ; puis il lève, au nom de l'administration de l'enregistrement et des domaines, un exécutoire des dépens qu'il remet au receveur d'enregistrement compétent, après l'avoir signifié tant à avoué qu'à partie.

L'administration, dit la loi, poursuivra le recouvrement de ces frais comme en matière d'enregistrement ; cette disposition de la loi de 1851 a soulevé des difficultés lors de l'application. Il nous semble que la disposition est formelle et qu'il n'y a sujet à aucune hésitation sur le mode de poursuite à suivre par l'administration. Il est maintenant presque généralement admis que le recouvrement de ces frais doit se faire par voie de contrainte administrative.

Pourquoi, dirons-nous, a-t-on laissé à l'administration de

l'enregistrement, le soin de recouvrer tous les frais, montant de la condamnation ? Etant donné que l'avoué de l'assisté a dirigé toute la procédure, qu'il a entre les mains toute les pièces et tous les renseignements nécessaires à la poursuite contre l'adversaire, qu'il a rédigé, fait taxer l'état des frais et qu'il a levé l'exécutoire des dépens, pourquoi ne pas lui avoir laissé accomplir sa mission jusqu'au bout ? On a répondu que l'administration de l'enregistrement et des domaines, créancière directe des droits de timbre, de greffe et des avances dues au Trésor, ces droits constituant la majeure partie des frais taxés, avait, par suite, le plus grand intérêt au recouvrement de ces sommes. En outre, la poursuite opérée par l'administration est plus simple et moins onéreuse par voie de contrainte.

Lorsque l'enregistrement aura recouvré le montant ou une partie seulement des frais, elle devra en faire la répartition entre les officiers ministériels et proportionnellement à la part des frais et émoluments à laquelle ils ont droit ; pour faciliter ce travail, l'avoué rédige ses états de frais sur des feuilles spéciales divisées en cinq colonnes, l'une où figurent les droits de timbre et d'enregistrement, la seconde pour les sommes dues au greffier, la troisième à l'avoué, la quatrième à l'huissier commis, enfin la cinquième à l'huissier audiencier ; de sorte que l'administration, pour sa répartition, n'a qu'à se reporter à l'état de frais et attribuer à chacun le montant ou une partie des frais qui lui sont dûs.

Remarquons cependant, avec l'article 18 de la loi de 1851, que la créance du trésor est privilégiée sur celle des autres ayants-droit, c'est-à-dire que si l'enregistrement ne peut recouvrer le montant total des frais suivant l'état taxé, le trésor percevra d'abord, et de préférence à tout autre créancier, les frais qui lui sont dûs pour droits de timbre et d'enregistrement et pour avances faites par lui ; le surplus sera réparti entre les divers ayants-droit, avoué, greffier, huissier, proportionnellement à leurs créances respectives.

La poursuite exercée par l'administration de l'enregistrement contre l'adversaire pour obtenir paiement des dépens auxquels il a été condamné, ne pourra être intentée utilement que pendant cinq ans à compter du jour où le jugement de condamnation sera passé en force de chose jugée, après lequel délai la prescription sera acquise au condamné.

2e CAS : *L'assisté perd son procès.* — L'article 19, de la loi du 22 janvier 1851, prévoyant ce cas, nous dit qu'il sera procédé, conformément aux règles ci-dessus indiquées, au recouvrement contre l'assisté des sommes dues au trésor en vertu des paragraphes 5 et 8 de l'article 14 de cette loi, c'est-à-dire des sommes dues pour droits de timbre et d'enregistrement exigés pour certains actes de la procédure indépendamment de tout procès, pour amendes fiscales et pour avances relatives aux frais de transport des juges, officiers ministériels, experts et à la taxe des témoins. Quant aux autres frais qui figurent à l'exécutoire ordinaire, ils ne pourront être recouvrés contre l'assisté qu'au cas de retrait du bénéfice de l'Assistance Judiciaire auquel il avait été admis et que nous étudierons bientôt.

— Mais si l'assisté succombe, conformément à l'article 130 du Code de procédure civile, il sera condamné aux dépens, aux frais de l'adversaire ; qui paiera ces frais ? par définition, l'assisté est insolvable et l'adversaire non indigent n'ayant aucun droit de recours, peut-être à tort, contre l'administration de l'enregistrement, il devra lui-même acquitter les frais qu'il aura faits. C'est ce qui a fait dire que l'adversaire non indigent de l'assisté était dans un état d'inégalité manifeste vis-à-vis de l'indigent assisté, parce que si ce dernier succombant au procès était condamné aux dépens, il n'était pas tenu, ni l'administration pour lui, du paiement des frais exposés par son adversaire et qu'il eût pu recouvrer contre un plaideur solvable.

Cette critique donna lieu à une proposition de loi repoussée, ainsi que nous l'avons déjà vu, et dont le but était de dispenser des droits de timbre et d'enregistrement la partie non assistée plaidant contre un adversaire assisté. La réponse à cette proposition avait été que le plaideur non assisté était garanti contre la mauvaise foi de l'assisté et du bien fondé de la prétention de ce dernier par la décision du bureau d'Assistance statuant après un examen sérieux de l'affaire.

Deuxième espèce. — Les deux plaideurs sont assistés. — Les choses se passeront comme dans les deux cas de l'espèce précédente, sauf que les dépens ne pourront être recouvrés contre la partie condamnée qu'au cas de retrait du bénéfice de l'Assistance Judiciaire prononcé contre elle.

3° *Du retrait de l'Assistance Judiciaire.*

Le bénéfice de l'Assistance Judiciaire constituant toujours pour le trésor un gain manqué et souvent même une avance de fonds et une source de déboursés pour l'administration et pour les officiers ministériels commis pour représenter l'assisté, avances que le trésor ne pouvait pas recouvrer quand l'adversaire condamné aux dépens était lui-même assisté ou insolvable, et quand l'assisté succombait lui-même ; il n'était pas admissible que l'administration s'exposât à ne pouvoir jamais recouvrer le montant de ces frais et avances, même si l'assisté avait frauduleusement établi son indigence ou si, au cours du procès pour lequel il avait obtenu l'Assistance Judiciaire ou si, après le jugement rendu, il revenait à meilleure fortune. La loi du 22 janvier 1851 a prévu ces hypothèses et en a fait l'objet d'un chapitre spécial.

L'article 21 de cette loi dispose en effet que le bénéfice de l'Assistance Judiciaire peut être retiré à l'assisté en tout état de cause dans deux cas déterminés : 1° s'il survient à l'assisté des ressources suffisantes ; 2° s'il a surpris la décision du bureau par une déclaration frauduleuse ; le projet de la commission substitua ce mot « frauduleuse » à l'épithète « mensongère » qui figurait dans le projet du gouvernement ; en effet, le mensonge chez des indigents peut provenir de leur ignorance, tandis que dans la déclaration frauduleuse il y a toujours une intention mauvaise et réfléchie. Enfin l'expression « déclaration frauduleuse » a en outre l'avantage de comprendre dans son application un troisième cas que le projet du gouvernement désignait à l'attention de la Chambre ; il voulait que le bénéfice de l'Assistance Judiciaire pût être retiré encore « si l'on venait à acquérir la conviction que « l'instance n'était pas fondée ». Le retrait pour cette cause n'aura jamais lieu que s'il y a eu fraude de la part de l'assisté vis-à-vis du bureau compétent pour établir le bien fondé de sa demande, et alors ce cas rentre exactement dans la seconde hypothèse prévue par la loi de 1851. Quant à la forme suivant laquelle le retrait peut être demandé et sera prononcé, l'article 22 nous dit qu'il peut être demandé soit par le ministère public, soit par la partie adverse, et il ajoute qu'il peut aussi être prononcé d'office. C'est donc le bureau d'Assistance Judiciaire compétent pour juger de la demande en Assistance qui est seul juge de la question du retrait. Ceci est à noter, car il arrive parfois que des officiers ministériels convaincus que l'assisté qu'ils ont mission de représenter a des ressources suffisantes pour suivre la procédure à ses frais, recouvrent directement contre lui le montant de leurs frais et honoraires. Cette pratique, absolument contraire à l'esprit et à la lettre de la loi de 1851, a été approuvée et encouragée par un arrêt de la Cour d'appel de Chambéry du 2 février 1887 (1) dont les motifs d'ailleurs reposent sur une erreur des juges qui prétendent qu'il y a controverse sur la ques-

(1) Chambéry, 2 février 1887. D. P. 1887, 2.219. Note de M. Glasson.

tion de savoir si le retrait pouvait être exercé après le jugement définitif comme avant ; or, l'article 21 de la loi de 1851 étant formel, il ne peut s'élever de controverse. Suivant la jurisprudence que tend à consacrer cet arrêt, il serait laissé à l'appréciation de l'avoué de l'assisté, et de tout autre officier ministériel, car rien ne s'y oppose, de poursuivre par les moyens judiciaires et légaux l'assisté qu'ils croient en mesure de payer. Peut-être serait-il préférable de laisser ce soin à l'avoué de l'assisté, mais tant qu'une loi ne sera pas venue abroger ou modifier l'article 21 de la loi de 1851, il devra être exécuté selon sa teneur et l'avoué ne pourra s'arroger ce droit de poursuite.

Si l'avoué de l'assisté, fait observer notre savant maître M. Glasson dans la note mise au bas de l'arrêt ci-dessus rappelé, ou, suivant nous, tout autre officier ministériel ou personne intéressée, a eu connaissance que l'assisté ait acquis postérieurement à la décision du bureau, soit avant, soit après le jugement de l'affaire, des ressources suffisantes, ou qu'il ait frauduleusement établi son état d'indigence, la loi ne lui donnant pas le droit de provoquer directement le retrait de l'Assistance Judiciaire, il s'adressera, si le bureau n'agit pas d'office, au président de ce bureau ou au procureur de la République qui saisira le bureau compétent de la question et lui demandera de prononcer le retrait de l'assistance accordée.

Mais remarquons avec l'article 23 que le bénéfice de l'Assistance Judiciaire ne pourra être retiré qu'après que l'assisté aura été entendu ou mis en demeure de s'expliquer. C'est déjà là une distinction entre la décision pro nonçant le retrait et celle rendue par le bureau sur la question d'admission. Mais ce qui les distingue principalement, c'est que la décision qui prononce le retrait doit être motivée tandis que la première ne l'est pas. Pourquoi cette distinction, dira-t-on ? c'est que le retrait prononcé au cours de l'instance pourrait être fort préjudiciable à l'intéressé, s'il n'était pas motivé, le tribunal devant lequel l'affaire serait pendante pouvant en effet être influencé par une décision pure et simple du bureau prononçant le retrait de l'Assistance Judiciaire.

Ajoutons que si le retrait est motivé par une déclaration frauduleuse de l'assisté, relativement à son indigence, celui-ci peut, sur l'avis conforme du bureau, être traduit devant le tribunal de police correctionnelle et condamné, indépendamment du paiement des droits et frais de toute nature dont il avait été provisoirement dispensé, et nous reproduisons intégralement ici l'article 26 de la loi du 22 janvier 1851, « à une amende égale au montant total « de ces droits et frais, sans que cette amende puisse être « au-dessous de 100 francs, et à un emprisonnement de « huit jours au moins et de six mois au plus ». La loi mentionne, en outre, que l'article 463 du Code pénal sur les circonstances atténuantes est applicable.

L'assisté qui a frauduleusement trompé le bureau chargé de se prononcer sur l'admission ou le rejet de l'Assistance Judiciaire à son égard, pourra donc être poursuivi, sur l'avis de ce bureau, devant le tribunal correctionnel, et être condamné, de ce chef, aux peines sus-énoncées. Le rapporteur du projet de loi, M. de Vatimesnil, fit adopter à juste titre une restriction consistant à n'imprimer à la déclaration frauduleuse le caractère de délit, qu'autant qu'elle ne porterait que sur la question d'indigence, que « relativement à l'indigence », dit le texte. Et voici ce que dit à ce sujet M. de Vatimesnil dans son rapport : « Alors, « en effet, elle est plus inexcusable que lorsqu'elle con- « cerne les faits du procès, parce que, dans ce dernier cas, « ainsi que nous l'avons déjà dit, les fausses allégations « prennent quelquefois en partie leur source dans des « illusions. L'assisté qui aura sciemment induit le bureau « en erreur sur les faits du procès sera suffisamment puni « par le retrait de l'Assistance : mais celui qui l'aura « sciemment induit en erreur sur l'état de la fortune, c'est- « à-dire sur un fait matériel, sera soumis à une peine cor- « rectionnelle. » N'y a-t-il pas là, en effet, une sorte d'abus de confiance susceptible de répression ?

Quel sera, indépendamment de cette poursuite correc- tionnelle, à la merci du bureau qui aura prononcé l'admis- sion, l'effet de ce retrait ? L'article 24 de la loi de 1851 ré- pond à notre question en disposant que le retrait rend immédiatement exigibles les droits, honoraires, émolu- ments et avances de toute nature, dont l'assisté avait été provisoirement dispensé. Le secrétaire du bureau qui aura rendu cette décision sera tenu d'en informer immédiate- ment le receveur de l'enregistrement; le texte ne le dit pas, mais il nous semble que, de même que les officiers ministériels commis ont été informés de la mission gra- tuite qu'ils auraient à remplir, de même, et à plus forte raison, ils devront être informés par la même voie qu'ils n'ont plus mission d'exercer gratuitement leur ministère au profit de l'assisté contre lequel le retrait aura été prononcé.

L'administration de l'enregistrement pourra donc, du jour du retrait, recouvrer, suivant la forme ordinaire plus haut énoncée, les frais et avances faits jusqu'à ce jour en faveur de l'assisté. Et désormais, les actes de la procédure faits à sa requête ne seront plus visés pour timbre ni enregistrés en débet, et les officiers ministériels, rétroactivement au jour de la décision du bureau prononçant le retrait, pourront exiger le paiement des frais et honoraires qui leur seront dûs pour la procédure postérieure au retrait, et seront en droit de demander une provision représentative des frais qui pourront être faits par la suite : A défaut du paiement de ces frais ou du versement de ladite provision, ils ne pourront être contraints d'occuper pour eux.

Nous nous sommes placés jusqu'ici dans le cas où le retrait de l'Assistance Judiciaire est prononcé au cours de l'instance, avant qu'un jugement soit intervenu sur le fond de l'affaire, ou soit devenu définitif. Si, au contraire, le retrait est prononcé après que le jugement rendu aura acquis l'autorité de la chose jugée, qu'arrivera-t-il ? de deux choses l'une : si l'assisté a été condamné aux dépens, l'enregistrement poursuivra contre lui le recouvrement de tous les frais, y compris ceux de l'adversaire assisté lui-même ; l'adversaire non assisté pourra, dans ce cas, lui réclamer le montant de ses propres frais dont il n'avait pu recouvrer le montant contre l'assisté présumé insolvable ; ou bien l'adversaire de l'assisté succombant a été condamné aux dépens du procès, alors l'administration de l'enregistrement poursuivra contre l'assisté retrayé le recouvrement des avances faites par le trésor pour frais spéciaux, tels qu'enregistrement d'actes soumis à cette formalité indépendamment de tout procès, les amendes de timbre ; et si l'adversaire de l'assisté est lui-même indigent et insolvable, cas auquel la condamnation aux dépens prononcée contre lui sera purement illusoire, le recouvrement des avances du trésor pour taxes des témoins et frais de transport des juges, experts ou officiers ministériels, et des sommes dues au trésor pour droits de timbre ou d'enregistrement, et aux officiers ministériels pour frais, honoraires ou émoluments, sera également poursuivi contre l'assisté retrayé.

Mais nous pensons que le retrait une fois prononcé, le droit de chaque intéressé reste entier ; c'est-à-dire que chaque officier ministériel créancier de l'ex-assisté pour frais, pourra poursuivre directement, et non par l'intermédiaire de l'enregistrement, le paiement des sommes à lui dues. En fait, la poursuite sera toujours exercée par l'enregistrement qui jouit du droit d'user de modes d'exécution plus rapides et moins onéreux.

Signalons, en terminant ce chapitre, qu'un délai est imparti au greffier du tribunal devant lequel le jugement a été rendu, un délai d'un mois à compter de ce jugement, pour transmettre au receveur de l'enregistrement l'extrait du jugement de condamnation ou l'exécutoire sous peine de dix francs d'amende pour chaque extrait de jugement

ou chaque exécutoire non transmis dans ledit délai. N'est-
ce pas plutôt à l'avoué qu'il eût fallu imposer ce délai?
c'est lui, en effet, qui rédige l'état de frais et lève l'exécutoire au nom de l'enregistrement ; l'avoué doit donc, avant
l'expiration du délai d'un mois à compter du jugement rendu définitif, transmettre l'exécutoire au greffier chargé de le communiquer au receveur de l'enregistrement qui exercera ou non des poursuites au
nom de l'administration en vue du recouvrement des
frais.

Les avoués ont souvent été accusés de lenteur pour
l'exécution de ce dernier acte de leur ministère, l'exécutoire des dépens ; ils doivent veiller à ce qu'il ne soit pas
apporté de retard dans l'accomplissement de cette dernière formalité. A Paris, les choses se passent ainsi :
l'avoué doit déposer au greffe de la Chambre du conseil
l'exécutoire préparé avec la grosse du jugement, sa signification et l'état de frais taxé, qui demeure annexé à
la minute de l'exécutoire ; l'opposition à l'exécutoire
est recevable dans les trois jours de sa signification à
avoué.

Si, comme nous l'avons proposé, la loi avait confié aux
avoués le soin de recouvrer les frais faits par eux et les
autres officiers ministériels, ainsi que les droits de timbre
et d'enregistrement non perçus, l'amende édictée contre
eux au cas de retard n'eût pas souvent été prononcée et le
recouvrement des frais eût peut-être été effectué d'une
façon plus fructueuse.

Laissant complètement de côté la matière de l'Assistance Judiciaire en droit criminel et correctionnel qui fait l'objet du titre II de la loi du 22 janvier 1851, nous dirons en appendice quelques mots sur l'article 27 de la présente loi qui fait partie du titre I de cette loi, tout en ne rentrant qu'incomplètement dans notre sujet.

APPENDICE

DE LA JURIDICTION DES CONSEILS DE PRUD'HOMMES

Article 27 de la loi du 22 janvier 1851. Loi du 7 août 1850.

ARTICLE 27 : Les dispositions de la loi du 7 août 1850 sont applicables : « 1° A toutes les causes qui sont de la « compétence des conseils de prud'hommes et dont les « juges de paix sont saisis dans les lieux où ces conseils « ne sont pas établis. — 2° A toutes les contestations « énoncées dans les numéros 3 et 4 de l'article 5 de la loi « du 25 mai 1838 ».

Cette loi du 7 août 1850 qui précéda de quelques mois seulement la loi générale sur l'Assistance Judiciaire, établissait la dispense des droits de timbre et d'enregistrement, comme en matière d'Assistance Judiciaire, pour tous les actes de la procédure, ainsi que les jugements et les actes nécessaires à leur exécution, concernant les contestations entre patrons et ouvriers devant les conseils des prud'hommes. — Et l'article final de cette loi dispose que la partie qui succombera sera condamnée aux dépens envers le trésor.

Si la loi du 7 août 1850 ne parle pas des frais, honoraires et émoluments dûs aux officiers ministériels, ni des droits de greffe, c'est que ces derniers autrefois peu élevés, maintenant même n'existent plus et que les contestations qui relèvent de cette juridiction se terminent presque toujours par des arbitrages ; quant aux frais dûs aux officiers ministériels, les parties se présentant en personne devant le conseil des prud'hommes, ils se réduisent à peu de chose (0fr.15, lettre d'invitation, décret du 20 février 1810).

Si nous comparons cette loi du 7 août 1850 avec celle du 22 janvier 1851, nous remarquons d'abord que la première en date est plus large que la loi fondamentale qui l'a suivie : en effet, les actes de la procédure concernant les contestations entre patrons et ouvriers, c'est-à-dire les actes de procédure faits tant à la requête du patron qu'à celle de l'ouvrier, sont dispensés du droit de timbre et enregistrés en débet ; il n'en est plus de même devant les tribunaux civils et sous l'empire de la loi du 22 janvier 1851 où, deux parties étant en présence, l'une indigente et assistée, l'autre non indigente, les actes seuls de la procédure faits à la requête de l'assisté sont visés pour timbre et enregistrés en débet. Nous avons vu, il est vrai, qu'une proposition de loi tendant à mettre les deux plaideurs sur un pied d'égalité en ce qui concerne la dépense provisoire des droits de timbre et d'enregistrement fut repoussée par l'Assemblée lors de la discussion de la loi.

En second lieu, cette dispense de l'avance des droits de timbre et d'enregistrement se fait aux termes de la loi du

7 août 1850 sans aucune démarche ni justification d'aucune sorte de la part du patron ou de l'ouvrier, elle est de droit à leur profit ; au contraire, le bénéfice de l'Assistance Judiciaire n'est accordé que sur la preuve du bien fondé de la demande et de l'indigence du postulant, et après décision du bureau spécial.

Enfin une différence plus importante et sur laquelle nous aurons l'occasion de revenir bientôt est la suivante : les formalités du visa pour timbre et de l'enregistrement en débet, conformément à la loi de 1850, s'appliquent même aux jugements et s'étendent *ipso facto* aux actes d'exécution de ces jugements ; nous verrons bientôt et à tort qu'il n'en est pas de même sous le système de la loi de 1851 et que la dispense des droits de timbre et d'enregistrement ne s'étend pas au-delà des actes de signification des jugements.

Ces observations étant faites, l'article 27 de la loi du 22 janvier 1851 dispose que dans les endroits où il n'y aura pas de juridiction établie de conseil des prud'hommes, la loi du 7 avril 1850, que nous venons d'étudier, sera applicable aux contestations entre patrons et ouvriers de la compétence des prud'hommes et qui seront portées devant les juges de paix. Or, nous savons que les conseils de prud'hommes ne sont établis que par décret et qu'il en existe actuellement en France qu'environ 150 ; c'est donc fréquemment qu'à défaut des conseils de prud'hommes ou *juges de paix de l'industrie*, comme on les a appelés, les contestations entre patrons et ouvriers seront portées devant les juges de paix, et que la loi du 7 août 1850 recevra son application, c'est-à-dire que les plaideurs, patrons et ouvriers, sauf cependant si la contestation s'élevait uniquement entre patrons, seront dispensés de l'avance des frais de timbre et d'enregistrement pour cette procédure spéciale ; il y a là, de la part du Trésor, une simple avance et non une dispense, soit provisoire, soit définitive.

Enfin, d'après l'article 27 de la loi de 1851 les dispositions de la loi du 7 août 1850 seront applicables aux contestations énoncées aux paragraphes 3 et 4 de l'article 5 de la loi du 25 mai 1838 sur la compétence des juges de paix. Voyons quelles sont ces contestations : celles relatives aux engagements respectifs des gens de travail au jour, au mois et à l'année et de ceux qui les emploient ; des maîtres et des domestiques ou gens de service à gages ; des maîtres et de leurs ouvriers ou apprentis — et suivant l'article 5, § 4, celles relatives au paiement des nourrices, sauf ce qui est prescrit par les lois et règlements d'administration publique à l'égard des bureaux de nourrices de la ville de Paris et de toutes les autres villes.

Dans tous ces cas donc prévus par l'article 27 de la loi de 1851 il y aura de la part du trésor, au profit des maîtres ou patrons et serviteurs ou ouvriers en général, lieu à avance des droits de timbre et d'enregistrement, qui seront mis par le jugement à la charge de la partie condamnée, contre laquelle l'administration de l'enregistrement en recouvrera le montant conformément aux dispositions de la loi du 22 frimaire an VII.

Mais si les parties se concilient et transigent, ce qui arrive souvent tant devant la juridiction des prud'hommes

que devant les justices de paix, qui supportera le paiement
des droits de timbre et d'enregistrement dont l'avance aura
été faite par le trésor ? Si dans la transaction ou l'accord
verbal intervenus, les parties ne se sont point expliquées
sur ce point, l'administration de l'enregistrement poursuivra contre chaque partie le paiement des frais faits à sa
requête.

Nous avons vu au début de ce travail que le bénéfice de
l'Assistance Judiciaire pouvait être accordé devant les
justices de paix. La question qui nous préoccupe ici est
celle de savoir si la loi de 1851 s'applique également et
parallèlement à la loi du 7 août 1850 aux contestations
relevant de la compétence des juges de paix ou portées
devant eux à défaut de juridiction de prud'hommes fonc-
tionnant, en un mot aux contestations prévues à l'article
27 de la loi du 22 janvier 1851.

Nous pensons que la loi du 7 août 1850 édictée spécialement en vue des contestations entre patrons et ouvriers relevant seulement de la juridiction des conseils de
prud'hommes, s'appliquera seule lorsque ces contestations
seront portées devant les juges de paix, l'article 27 de la
loi de 1851 n'étant qu'une extension pure et simple apportée
à la loi du 7 août 1850.

Quant aux autres cas prévus par cet article 27 et figurant aux paragraphes 3 et 4 de l'article 5 de la loi du
25 mai 1838, nous émettons l'avis que l'ouvrier, en contestation avec son patron, pourra obtenir le bénéfice de
l'Assistance Judiciaire en se conformant à la loi de 1851 et
sera dispensé ainsi non seulement du paiement des droits

de timbre et d'enregistrement, mais encore des frais et émoluments dûs aux officiers ministériels pour les actes de procédure faits à sa requête. La loi de 1851, en effet, est générale et elle n'a point distingué suivant les espèces quand elle a dit que l'Assistance Judiciaire pouvait être accordée devant les justices de paix, les tribunaux civils, de commerce, etc... Notons seulement que le patron ne pourra se prévaloir de la loi de 1851, tandis que celle de 1850 est édictée également en sa faveur ; notons aussi que l'ouvrier sera mieux protégé aussi par la loi de 1850, qui lui fait l'avance des droits de timbre et d'enregistrement, sans qu'il ait à justifier de son indigence ; qui étend cette dispense au jugement obtenu et à son exécution ; autant d'avantages que ne comporte pas la loi de 1851. Enfin, si l'ouvrier qui succombe et est condamné aux dépens envers le trésor est complètement indigent, le recouvrement des avances faites ne pourra pas plus être poursuivi utilement contre lui, que s'il avait bénéficié de l'Assistance Judiciaire.

En pratique donc, quoique les deux lois soient en présence, c'est la loi du 7 août 1850 qui devra être suivie à l'avantage du patron et même de l'ouvrier.

Nous allons aborder maintenant notre quatrième et dernier chapitre avec lequel nous traiterons, avec tous les développements nécessaires, de l'étendue d'application du bénéfice conféré par la loi de 1851 ; c'est dans cette partie de notre étude que nous toucherons à une réforme souvent demandée en vue de l'exécution des jugements.

CHAPITRE IV

DES ACTIONS EN JUSTICE POUR LESQUELLES L'ASSISTANCE JUDICIAIRE PEUT ÊTRE ACCORDÉE ET DES ACTES DE LA PROCÉDURE AUXQUELS ELLE S'APPLIQUE

I. *Des actions en justice pour lesquelles l'Assistance Judiciaire peut être accordée.*

Le bénéfice de l'Assistance Judiciaire peut être demandé et accordé pour exercer une action en justice ou pour y défendre devant les juridictions plus haut énoncées, quel que soit l'objet de cette action. La loi de 1851, il est vrai, ne le dit pas ; mais de son silence il semble qu'on doive conclure à cette généralité.

Et cependant on s'est demandé si la loi sur l'Assistance Judiciaire s'étendait à la juridiction gracieuse comme à la juridiction contentieuse des tribunaux. La loi ne s'étant pas prononcée sur ce point, c'est le bureau d'Assistance Judiciaire devant lequel la demande sera portée, qui sera juge de la question d'admission. Le caractère de généralité de la loi doit profiter, à notre avis, à l'indigent dans tous les cas.

Nous avons vu, en effet, accorder l'Assistance Judiciaire en vue d'une ouverture de testament, pour introduire une demande d'envoi en possession d'un legs universel au profit d'un successeur irrégulier à défaut d'héritiers légitimes connus, procédure cependant très onéreuse vu la publicité qu'elle nécessite durant un an, au moyen d'insertions et d'affiches. De même, pour une convocation d'un conseil de famille indépendamment de toute instance ; pour une acceptation bénéficiaire ou une renonciation à succession ou communauté à transcrire sur les registres du greffe ; pour une levée ou une apposition de scellés, autant d'actes relevant de la juridiction gracieuse, soit du président du tribunal, soit du juge de paix.

Le reproche qu'on peut adresser au législateur de 1851, est de n'avoir envisagé la défense des pauvres en justice que lorsqu'ils auraient besoin de revendiquer ou de défendre leurs droits contestés ou combattus ; sans avoir semblé supposer qu'il existait aussi des droits incontestés, tels notamment les droits de famille, qui, pour valoir et être reconnus, nécessitent des frais et avances pouvant excéder les ressources modiques des indigents.

Des auteurs refusent ce droit à l'Assistance Judiciaire en matière de juridiction gracieuse ; des circulaires du garde des sceaux et du directeur de l'enregistrement, de nombreuses décisions de jurisprudence, ont été avec raison plus larges et ont conseillé l'extension des décisions d'admission à l'Assistance Judiciaire en vue d'actes de juridiction gracieuse.

La loi italienne, dans le décret du 6 décembre 1865, article 3, a embrassé dans son texte les attributions gracieuses aussi bien que contentieuses des tribunaux et des magistrats. Nous regrettons que la loi française, toute générale qu'elle est, dans ses dispositions, ne se soit pas expliquée à cet égard et expose l'indigent aux indécisions d'une jurisprudence cependant à peu près constante.

Si nous envisageons la procédure à un autre point de vue, nous savons qu'en matière civile les affaires portées devant les tribunaux sont tantôt sommaires, tantôt ordinaires, suivant le taux de la demande, s'il s'agit d'une demande en paiement, ou suivant la nature de l'affaire. Le bénéfice de l'Assistance Judiciaire au profit de l'un ou des deux plaideurs ne change en rien cette distinction et s'applique soit en matière sommaire, soit en matière ordinaire, sans apporter la moindre modification à la marche de la procédure.

On s'est demandé si le bénéfice de l'Assistance Judiciaire pouvait être accordé au profit d'un indigent en voie de faire ordonner une mesure provisoire, nomination d'expert, par le président du tribunal statuant en référé. En principe, la réponse est purement affirmative, la juridiction des référés étant une juridiction contentieuse, à laquelle s'applique la loi générale du 22 janvier 1851 ; procédure contentieuse spéciale, il est vrai, par sa simplicité et sa rapidité, aussi ne peut-elle être employée que dans les cas d'urgence ou lorsqu'il s'agira de statuer provisoirement sur des difficultés relatives à l'exécution d'un titre exécutoire ou d'un jugement, ou s'élevant au cours d'une levée de scellés ou d'un inventaire. Mais, à vrai dire, et

en pratique, le cas de l'admission à l'Assistance Judiciaire
en matière de référés, se présentera rarement comme
question principale : en effet, dans le premier cas prévu
par l'article 806 du Code de procédure civile, le cas d'urgence, les lenteurs que subira forcément la demande
d'Assistance Judiciaire avant d'être étudiée et admise par
décision spéciale du bureau compétent constitueront un
obstacle sérieux à toute demande d'Assistance en cette
matière. — Quant au second cas, s'agissant de statuer
sur des difficultés relatives à l'exécution d'un titre exécutoire ou d'un jugement, l'Assistance Judiciaire, ainsi que
nous le verrons bientôt, n'étant pas accordée à l'indigent
pour procéder à l'exécution du jugement qu'il a obtenu, la
question ne se pose pas.

Le président du tribunal jugeant en référé ne statuera
entre des plaideurs assistés, que lorsqu'on aura recours
incidemment à une instance principale à la procédure
des référés : ainsi au cas de difficultés soulevées au cours
d'une apposition, d'une levée de scellés, ou d'un inventaire, en vue desquelles une des parties avait obtenu le
bénéfice de l'Assistance Judiciaire — ou bien lorsqu'au
cours d'une procédure de divorce ou de séparation de
corps entre parties assistées ou l'une d'elles seulement, la
femme assistée autorisée par le président du Tribunal à
résider en dehors du domicile conjugal, veut changer de
résidence, elle doit s'y faire autoriser à nouveau par justice ; c'est alors le juge des référés qui est compétent pour
accorder ou refuser cette autorisation de changement de
résidence.

Il serait long et superflu de passer en revue toutes les procédures envisagées suivant leur nature et leur but, en vue desquelles l'Assistance Judiciaire peut être demandée. Disons seulement dès maintenant que la loi du 22 janvier 1851 est générale à ce point de vue et s'applique, sauf la restriction précédemment faite en matière de juridiction gracieuse, à toutes sortes de procédures contentieuses de la compétence des tribunaux civils. Nous verrons au cours de cette étude, lorsque nous traiterons spécialement de l'exécution des jugements, que l'admission au bénéfice de l'Assistance Judiciaire comporte des effets plus ou moins étendus, suivant les procédures en vue desquelles elle a été prononcée ; qu'en matière de séparation de biens, par exemple, les effets de l'Assistance Judiciaire s'étendent à certains actes d'exécution du jugement prononçant la séparation.

Nous avons vu qu'il est certains cas dans lesquels le procureur de la République a le pouvoir et parfois même le devoir d'agir, par exemple en matière de rectification ou de reconstitution des actes de l'état civil ; en matière d'interdiction, etc... Dans le cas de rectification des actes de l'état civil, la loi de finances du 25 mars 1877, dans son article 75, dispose que le ministère public doit agir d'office quand cette rectification intéresse des individus notoirement indigents, sans que ceux-ci aient à établir leur indigence. Le ministère public, défenseur des faibles et des pauvres, surveillant l'exécution des lois, a le devoir d'assurer et de maintenir aux indigents qui en sont le plus souvent peu soucieux, un état civil régulier, conforme à leur qualité de citoyen et à leur situation dans la société. On avait discuté pour savoir si dans ces cas l'indigent, qui avait obtenu en vue d'une rectification de son état civil ou de celui des siens l'Assistance Judiciaire, pourrait agir par action directe en rectification de ces actes sans l'intermédiaire du ministère public ; le bureau d'Assistance Judiciaire établi près la Cour d'appel de Paris a, le 8 août 1854, réformé une décision du bureau d'Assistance établi près le tribunal civil de Joigny et s'est prononcé pour l'affirmative, c'est-à-dire pour l'initiative possible laissée à l'indigent en pareille matière avec le concours de l'Assistance Judiciaire : « L'indigent a été mis par la « loi dans une position égale à celle des autres citoyens « pour tout ce qui concerne l'exercice de ses droits en « justice ; la règle générale étant donc que la rectification « d'un acte de l'état civil, non-seulement peut être, mais « doit être demandée par les parties intéressées, l'indi- « gent trouve dans la loi du 22 janvier 1851, qui n'a ex- « cepté aucun cas, le moyen de former une pareille de- « mande, et l'en priver, ce serait lui dénier un des effets « de la loi » (1).

On a refusé également aux indigents l'accès au bénéfice de l'Assistance Judiciaire pour arriver à l'adoption ; la question est encore controversée en doctrine. Nous pensons toutefois que si l'on envisage le but de la loi de 1851 qui a été d'assurer en fait l'égalité des citoyens devant la loi, il faut reconnaître que cette égalité ne serait pas en-

____

(1) *Journal des Avoués*, t. LXXX, p. 175. Paris, 8 août 1854.

tière si l'on n'accordait pas à l'indigent qui veut se créer une famille la même facilité et les mêmes dispenses que celles qui lui sont accordées pour intenter une action ou y défendre. Admettre une semblable solution serait refuser aux pauvres la procédure d'adoption, aussi combattons-nous résolument la théorie un peu abandonnée aujourd'hui qui ferme à l'indigent sans famille la voie de l'adoption pour s'en créer une civile et légale.

On a critiqué aussi le droit qu'aurait le bureau d'accorder l'Assistance Judiciaire à seule fin de faire nommer un tuteur à un indigent.

Il faut en effet bien se pénétrer de cette idée qu'un tuteur est nommé non-seulement pour administrer et gérer les biens de son pupille, mais encore pour guider ce dernier, lui faire donner une instruction et une éducation semblables à celles que lui eût fait donner son tuteur naturel ; en un mot, il est un tuteur aux biens et à la personne du pupille. Nous pouvons en effet aisément supposer le cas d'un tuteur nommé à un mineur indigent, c'est-à-dire ne possédant aucuns biens à administrer ou trop peu pour faire face aux frais de nomination d'un tuteur ; plutôt qué de laisser le mineur sans guide, sans aucun conseil, il est juste que l'Assistance Judiciaire soit accordée pour faire procéder à la nomination d'un tuteur à ce mineur.

On objectera sans doute que le ministère public ou le juge de paix pourraient agir d'office et sans aucuns frais. C'est juste, mais au cas d'inaction de leur part ou de refus de procéder à cette nomination, il faut mettre les personnes auxquelles incombe le soin de faire nommer un tuteur à l'enfant, dans la possibilité de faire procéder sans frais à cette formalité.

A l'appui de notre opinion, une lettre du 18 septembre 1862, adressée par M. le Garde des Sceaux au procureur général près la Cour d'appel de Poitiers, reconnaît la possibilité de l'admission à l'Assistance Judiciaire en vue d'une nomination de tuteur, car l'admission à ce bénéfice ne suppose pas nécessairement une contestation élevée sur des droits litigieux.

De même, s'il s'agit de nommer un curateur à un mineur émancipé, un tuteur à un interdit; l'affirmative, au moins pour le premier cas, résulte d'un avis du procureur général près la Cour d'appel de Paris au directeur de l'enregistrement à la date du 6 juin 1853, presqu'au lendemain de la promulgation de notre loi sur l'Assistance Judiciaire.

Nous conclurons donc à la généralisation la plus complète de l'application à toutes sortes de procédures et d'actions du bénéfice de l'Assistance Judiciaire, conformément à l'idée d'égalité de tous les citoyens devant la loi, idée qui a dicté au législateur de 1851 la loi qui fait l'objet de cette étude.

Mais tout en généralisant il faut rester dans les limites tracées par certains principes implicitement contenus dans le texte de la loi de 1851 et que nous allons énoncer successivement, les commentaires découlant naturellement de tout ce qui précède :

1° L'Assistance Judiciaire ne peut être accordée que

pour des cas spéciaux et déterminés et en vue d'un intérêt actuel, sans que la partie qui a obtenu le bénéfice de
l'Assistance Judiciaire puisse substituer un autre objet à
celui pour lequel il lui a été concédé. C'est la demande
elle-même qui limite son objet.

2° Le bénéfice de l'Assistance Judiciaire ne peut être
accordé qu'en vue d'actions que le pétitionnaire doit exercer en justice en son nom personnel ; ainsi un mari, un
tuteur, un mandataire ou un gérant d'affaires ne pourraient être admis au bénéfice de l'Assistance Judiciaire,
même s'ils étaient indigents, pour faire valoir en justice
des droits nés en la personne de la femme, du pupille ou
du mandant, qui, vu leur état de fortune, ne pourraient
prétendre à l'Assistance Judiciaire. Dans ce même ordre
d'idées, nous sommes conduits à décider que le bénéfice
de l'Assistance Judiciaire concédé à une personne ne
s'étend pas de plein droit à celle qui la représente par
suite du décès ou de la faillite de l'assisté. Ainsi une décision du bureau d'Assistance Judiciaire établi près le
tribunal civil de Bordeaux, rendu le 1er décembre 1881 (1),
dispose que l'Assistance Judiciaire obtenue par le failli
ne s'étend pas de plein droit au syndic de sa faillite qui
agit plutôt dans l'intérêt de la masse des créanciers que
dans celui du failli. — De même l'Assistance Judiciaire
accordée à une personne qui décède dans la suite ne profitera pas au curateur à sa succession vacante pour continuer l'instance introduite par ou contre le *de cujus* assisté.

(1) S. 82. 2. 229.

Il faut donc une nouvelle décision du bureau en faveur des représentants ou héritiers de la personne décédée pour que le bénéfice de l'Assistance Judiciaire, essentiellement personnel, qui lui avait été concédé, se poursuive dans la personne de ses représentants. Si aux termes de l'article 724 du Code civil les héritiers et représentants du défunt sont saisis de plein droit des biens, droits et actions du *de cujus*, il n'en est pas de même du droit à l'Assistance Judiciaire.

A ce propos, il est une fraude possible que le bureau chargé de se prononcer sur l'admission devra chercher à découvrir et à éviter : elle consiste à faire exercer, moyennant une cession consentie par une personne solvable à un individu réputé indigent, et moyennant la stipulation d'une rétrocession après l'issue du procès, une action en justice par un indigent à seule fin d'éviter l'aléa de la condamnation aux dépens du procès. Si cette fraude est découverte avant la décision du bureau, celui-ci devra rigoureusement refuser le bénéfice indûment sollicité ; si, au contraire, la fraude n'apparaît qu'au cours de l'instance ou après le jugement, le retrait de l'Assistance Judiciaire sera prononcé et le retrayé sera poursuivi, sur l'avis conforme du bureau, devant le tribunal correctionnel et en vertu de l'article 26 de la loi du 22 janvier 1851.

S'agissant maintenant des questions de liquidation de communauté ou de succession, nous avons trouvé que par une décision en date du 4 novembre 1857, le Garde des Sceaux avait conclu à l'impossibilité de l'admission au bénéfice de l'Assistance Judiciaire au profit d'une femme commune en biens dans le but de procéder à l'acceptation où à la renonciation, ainsi qu'aux comptes de liquidation et partage de la communauté ayant existé entre elle et son défunt mari, prétendant que si la communauté est mauvaise la femme n'a rien à faire, que si, au contraire, elle est bonne, elle trouvera, sans avoir recours à l'Assistance judiciaire, les ressources nécessaires pour faire procéder à sa liquidation. L'Assemblée générale des membres constituant le bureau d'Assistance Judiciaire de la Seine a décidé avec raison en sens contraire : en effet, la communauté supposée bonne par la femme après sa dissolution, peut en réalité être mauvaise, il faut donc permettre à la femme commune de faire procéder, avec dispense de droits et frais, à la liquidation de la communauté, lorsqu'elle ne peut faire personnellement l'avance de ces frais. Si la communauté est bonne, l'administration de l'enregistrement ne pourra-t-elle pas facilement recouvrer les frais qu'elle aura avancés ainsi que les sommes dues aux officiers ministériels pour frais et émoluments. L'Assistance Judiciaire pourra d'ailleurs être refusée s'il est inutile d'exposer des frais de liquidation, la communauté étant évidemment mauvaise.

La loi de 1851 ne s'oppose pas non plus à ce que l'Assistance Judiciaire soit accordée pour procéder à la liquidation d'une communauté ou d'une succession intéressant des personnes parmi lesquelles doivent figurer un mineur, un copartageant absent ou un interdit, car dans ces différents cas le partage ou la liquidation ne peuvent être faits que judiciairement. De même, s'agissant de la vente d'un immeuble appartenant à un mineur, vente qui ne peut être faite qu'en justice.

De même enfin et suivant une dépêche du procureur général près la cour d'Appel de Paris du 27 août 1852 (1), la procédure nécessaire pour arriver à la distribution par contribution d'une somme saisie au profit des créanciers, rentre dans les termes de la loi du 22 janvier 1851.

La conclusion de tout ce qui procède est donc que le bénéfice de l'Assistance Judiciaire peut être concédé conformément à la loi dans le but de poursuivre toute action ou d'y défendre et d'assurer la conservation de tout droit contesté ou non.

II. — *Des actes de la procédure auxquels l'Assistance Judiciaire s'applique.*

Ici la loi du 22 janvier 1851 n'a pas été plus précise. L'article 14, en effet, dispense l'assisté du paiement des sommes dues au Trésor pour droits de timbre et d'enregistrement, aux greffiers, aux officiers ministériels et aux avocats pour frais, émoluments et honoraires ; et ce même article 14 ajoute que les actes de la procédure faite à la requête de l'assisté sont visés pour timbre et enregistrés en débet. Mais où commence et surtout où finira la procédure faite à la requête de l'assisté ? Quels seront les actes compris dans cette procédure ? c'est ce que la loi de 1851 ne dit pas et ne laisse [pas même entrevoir.

Enfin l'article 2 de cette même loi parle de l'admission à l'Assistance Judiciaire devant les tribunaux civils, de

____

(1) Brière Valigny. — *Code de l'Assistance Judiciaire*, p. 244, n. 52.

commerce, etc... d'où il faudrait conclure, en présence de ces seuls textes, que toute la procédure suivie devant les tribunaux civils, par exemple, à la requête de l'assisté, bénéficierait de la dispense que comporte l'Assistance Judiciaire depuis l'acte initial de la procédure jusqu'au jugement inclusivement.

On a conclu, peut-être à tort, comme nous l'allons voir bientôt, que le bénéfice de l'Assistance Judiciaire embrasse tous les actes de la procédure nécessaires pour conduire à l'obtention d'une décision statuant sur les droits en litige et lui faire obtenir la force exécutoire. Autrement dit l'Assistance Judiciaire s'étendrait à tous les actes de la procédure, y compris le jugement rendu à la requête et au profit de l'assisté, et sa signification.

Le premier acte de la procédure, l'exploit introductif d'instance, voire même la citation en conciliation, faits à la requête de l'assisté, sont dispensés de tous droits, c'est-à-dire visés pour timbre et enregistrés en débet, s'il y a lieu. De même les actes et titres, dit la loi elle-même, produits par l'assisté pour justifier à l'instance de ses droits et qualités seront pareillement visés pour timbre et enregistrés en débet ; sous réserve de cette restriction qu'ici le visa pour timbre et l'enregistrement en débet n'auront d'effet que spécialement pour l'instance au cours ou en vue de laquelle la production a eu lieu ; aussi pour l'accomplissement de ces formalités tous actes porteront en tête la mention de la date de la décision d'admission à l'Assistance Judiciaire. Quant aux frais qui seront dûs aux officiers ministériels pour la délivrance de ces actes au

profit de l'assisté, l'article 16 dispose et nous reproduisons
ici les termes mêmes de la loi de 1851 : « les notaires,
« greffiers et tous autres dépositaires publics ne sont tenus
« à la délivrance gratuite des actes et expéditions réclamés
« par l'assisté que sur une ordonnance du juge de paix ou
« du président ». Il était nécessaire d'éviter des fraudes
possibles au détriment du trésor et des officiers ministériels, tels que notaires, greffiers ou officiers d'état civil,
appelés comme dépositaires de minutes à en délivrer des
grosses ou expéditions à des individus qui, ayant bénéficié
pour une cause ou pour une autre de l'Assistance Judiciaire, auraient pu requérir, en leur qualité d'assistés, des
copies d'actes dont la production ne concernait aucunement la cause pour le soutien de laquelle ils avaient été
admis à l'Assistance Judiciaire.

Nous avons toujours supposé le cas le plus fréquent,
c'est-à-dire celui où l'indigent voulant intenter une action
ou se défendre étant poursuivi, sollicite du bureau compétent le bénéfice de l'Assistance Judiciaire avant le commencement de la procédure. Mais envisageons au contraire
et pour un instant le cas où l'individu indigent, après avoir
commencé les poursuites, se trouvant en présence de frais
plus considérables qu'il n'avait pu le supposer, obtient sur
sa demande l'Assistance Judiciaire au cours de l'instance ;
l'assisté sera-t-il dispensé du paiement des frais déjà faits
par lui avant sa demande d'Assistance ou cette dispense
n'aura-t-elle d'effet qu'à compter de la décision d'admission ? De même encore le plaideur fortuné qui, au cours
d'un procès, perd entièrement sa fortune dans un sinistre

ou par quelque cause que ce soit et obtient pour la continuation de l'instance le secours de l'Assistance Judiciaire, jouira-t-il également de ce bénéfice pour les frais faits antérieurement à sa demande d'assistance ?

Non, car il est un principe certain, c'est que l'admission au bénéfice de l'Assistance Judiciaire n'a pas d'effet rétroactif, son effet ne date que du jour de la décision et ne remonte pas au jour de la demande, *a fortiori*, ne s'applique-t-il pas aux actes de procédure antérieurs à cette demande. Ainsi, d'après une décision de l'administration de l'Enregistrement du 27 février 1868 il n'y aura pas lieu de restituer l'amende d'appel antérieurément consignée par l'assisté ou par son adversaire. — Les actes de la procédure antérieurs à l'admission seront donc régis par les règles ordinaires de procédure et la condamnation aux dépens ainsi que leur liquidation se fera conformément aux articles 130 et suivants du Code de Procédure Civile.

Voyons maintenant jusqu'à quelle phase de la procédure l'assisté pourra bénéficier de la dispense provisoire du paiement des droits et frais. Nous avons vu que cette dispense embrassait tous les actes de la procédure nécessaire pour aboutir à une décision, tels qu'assignation, sommation, conclusions, qualités, jugement, etc., autant d'actes qui seront dispensés du timbre et de l'enregistrement, et exempts des frais dûs aux officiers ministériels qui leur ont prêté leur concours.

En réalité et indépendamment de la question d'indigence et d'Assistance Judiciaire, à quel moment et à quel acte de la procédure se termine une instance ? Supposons l'espèce la plus fréquente, une demande en paiement d'une certaine somme : en matière de procédure pure, le premier acte ou acte initial sera l'exploit introductif d'instance précédé suivant les cas, et conformément à l'article 48 du Code de Procédure Civile, de la formalité de la tentative de conciliation devant le juge de paix, comprenant billet d'avertissement, puis citation en conciliation et enfin ordonnance de non-conciliation ou de non-comparution, en vertu de laquelle le demandeur est autorisé à faire assigner son débiteur à huit jours francs par devant le tribunal civil de première instance ; ou bien lorsque l'affaire requiert célérité et qu'il n'y a pas plus de deux défendeurs en cause, l'exploit sera précédé d'une requête adressée par le demandeur au président du tribunal civil compétent pour connaître de l'affaire, à la suite de laquelle il rend une ordonnance autorisant le demandeur à assigner son adversaire à trois jours francs devant ce tribunal ; enfin et dans les cas prévus par l'article 49 du Code de Procédure Civile, l'exploit sera le premier acte de la procédure, notamment s'il y a plus de deux défendeurs, dans les matières intéressant l'Etat, les communes, etc... Tous ces actes antérieurs à l'acte initial mais nécessaires à l'introduction de l'instance bénéficient, comme nous l'avons dit plus haut, de l'Assistance Judiciaire accordée pour suivre l'action ; de même encore le pouvoir donné par l'assisté à une personne à laquelle il confie le mandat de la représenter dans l'instance, sera visé pour timbre et enregistré en débet. — Mais il y a quelque difficulté à fixer d'une façon précise le point d'arrêt de la procédure.

Dans l'hypothèse choisie d'une demande en paiement d'une somme d'argent, la dénomination même de l'instance semble indiquer la volonté bien arrêtée qu'a le créancier d'obtenir le paiement de la somme qui lui est due. Qu'aura fait le plus souvent ce créancier? il se sera tout d'abord adressé amiablement à son débiteur auprès duquel ces démarches n'auront pas réussi, et se trouvant alors dans l'impossibilité de se faire payer par la force, il s'adressera à la justice pour obtenir satisfaction, c'est-à-dire le paiement de sa créance. Le moyen sera le jugement de condamnation rendu au profit du créancier; mais ce n'est qu'un moyen dont le seul but est le paiement effectif. Le [demandeur n'aura en effet reçu satisfaction que lorsqu'il aura recouvré le montant de sa créance.

Il nous semble que, vu l'idée qui a donné naissance à l'institution de l'Assistance Judiciaire, de permettre aux indigents d'exercer leurs droits en justice, il faille aider l'assisté demandeur à atteindre le but qu'il s'est proposé, c'est-à-dire dans notre espèce le paiement de sa créance, puisqu'il n'a pas les ressources suffisantes pour agir sans le secours de l'Etat.

Nous allons voir comment l'interprétation donnée à la loi de 1851 a conduit à un résultat tout autre. La loi du 22 janvier 1851, a-t-on dit, a pour unique objet de mettre les indigents en état de faire valoir leurs droits devant les tribunaux ; dans ce but, elle a concédé à l'assisté le bénéfice de la dispense provisoire du paiement des droits et frais faits par lui pour suivre l'instance et obtenir une décision favorable ou non, mais définitive. Or, nous savons qu'une décision judiciaire est définitive lorsqu'elle n'est plus susceptible d'aucune voie de recours ordinaire, opposition ou appel ; et, dit-on, la loi de 1851 n'a pas étendu ses prévisions au-delà, elle ne s'applique donc pas à l'exécution des jugements.

Sans doute, et nous l'avons reconnu, la loi est muette sur cette question de l'étendue d'application du bénéfice de l'Assistance Judiciaire ; mais il n'en est pas moins intéressant de voir sur quels textes on s'est basé pour en limiter l'application à l'obtention du jugement, et quels sont les arguments invoqués à l'appui de cette théorie :

PREMIER ARGUMENT. — *L'article premier de la loi du 22 janvier* 1851, *dit que l'Assistance Judiciaire ne pourra être accordée que dans les cas déterminés par la présente loi.* — Or, dit-on, la loi en question ne se préoccupait pas du cas de l'exécution des jugements, l'Assistance Judiciaire ne pourra être accordée en vue de cette exécution.

Nous ne reconnaissons pas le bien fondé ni la valeur de cet argument basé sur un article qui n'est pas en harmonie avec l'ensemble de la loi, puisqu'en effet la loi de 1851 ne précise aucunement les cas dans lesquels l'Assistance Judiciaire pourra être accordée, non plus que ceux dans lesquels elle pourra être refusée ; tout ce que dit la loi, nous l'avons vu, c'est que l'Assistance Judiciaire sera accordée devant les tribunaux civils, de commerce et devant les juges de paix, etc... L'article premier de la loi a peut-être voulu exprimer que l'Assistance Judiciaire ne serait concédée que devant les tribunaux et les juridictions prévus par le texte. Car il est certain et nous avons constaté qu'en matière civile, par exemple, l'Assistance Judiciaire, sauf la restriction que nous connaissons en matière de juridiction gracieuse, peut être accordée pour toutes les affaires civiles sans distinction, c'est le bureau devant lequel la demande est portée que la loi a fait juge de l'opportunité de l'admission ou du rejet de la demande.

Nous repoussons donc sans hésiter cet argument qui ne repose sur aucun fondement solide et qui ne s'oppose pas exactement à notre question, à savoir pourquoi l'étendue du bénéfice de l'Assistance Judiciaire concédé pour la poursuite d'une action ne comprend pas l'exécution du jugement intervenu sur cette action au profit de l'assisté.

DEUXIÈME ARGUMENT. — *L'article 14 de la loi de 1851, n'étend pas le bénéfice de l'Assistance Judiciaire aux actes qui doivent suivre le jugement et en assurer l'exécution.* — Cet article fixant les effets de l'Assistance Judiciaire, précise pour chaque acte l'étendue de la dispense, à savoir dispense du paiement des droits de timbre, d'enregistrement, de greffe, des amendes, et des sommes dues aux greffiers, aux officiers ministériels et aux avocats, pour droits, émoluments et honoraires ; puis indiquant à quels actes de la procédure s'appliquera cette dispense ainsi limitée dans ses effets, le même article 14, § 2, s'exprime ainsi : « Les actes de la procédure faite à la requête de « l'assisté sont visés pour timbre et enregistrés en debet », ce qui implique pour ces actes tous les effets de l'Assistance Judiciaire.

Nous ne voyons pas dans cette disposition de quoi conclure à la non extension de cette dispense aux actes qui suivent le jugement intérieur et en assurent l'exécution. Le commandement et le procès-verbal de saisie auxquels il sera procédé en vertu du jugement intervenu ne seront-ils pas faits à la requête de l'assisté aussi bien que l'exploit introductif d'instance? ces deux actes d'exécution, ainsi que nous avons essayé de le prouver plus haut, ne font-ils pas partie intégrante de la *procédure faite à la requête de l'assisté,* suivant les expressions mêmes du texte, et ne doivent-ils pas en cette qualité bénéficier pareillement de la dispense provisoire du paiement des droits et frais qu'ils auront occasionnés? Il n'y a donc jusqu'ici aucune bonne raison pour conclure en faveur de la non-extension du bénéfice de l'Assistance Judiciaire aux actes d'exécution du jugement rendu.

TROISIÈME ARGUMENT. — *L'article* 18 *de la loi de* 1851 *ne règle que ce qui concerne l'exécution des dépens et non l'exécution des condamnations prononcées au profit de l'assisté.* — L'article 18 explique, en effet, comment l'administration de l'enregistrement recouvrera les avances faites par elle et les sommes dues aux officiers ministériels contre l'adversaire condamné aux dépens. Quant à l'exécution des condamnations prononcées par le jugement au profit de l'assisté, le texte aurait pu dire que la dispense accordée pour l'obtention du jugement subsisterait pour les actes d'exécution de ce jugement et que les avances faites pour permettre cette exécution seraient prélevées par privilège sur le produit de la condamnation en cas de paiement de celle-ci.

Le texte étant muet sur cette question, les auteurs et particulièrement l'administration de l'enregistrement, en ont conclu que, la condamnation obtenue étant définitive, l'enregistrement pouvant et devant se faire délivrer l'exécutoire des dépens faits jusqu'à ce jour, et en poursuivre le recouvrement, c'était que l'administration ne pouvait plus se faire délivrer un exécutoire, ni faire recouvrer les dépens concernant seulement les actes de la procédure postérieurs au jugement passé en force de chose jugée et relatifs à son exécution.

L'argument ici est sérieux : il est évident, en effet, que le législateur a omis ou refusé d'étendre le bénéfice de l'Assistance Judiciaire aux actes postérieurs au jugement et ayant pour but l'exécution de la condamnation. Rien non plus dans les travaux préparatoires de la loi de 1851 ne fait supposer que la question ait été discutée ni même soulevée ; et en présence du laconisme du texte, nous sommes forcés, jusqu'à preuve du contraire, de conclure avec les auteurs à la non extension de la dispense aux actes d'exécution des décisions passées en force de chose jugée ; il n'est pas permis, en effet, de suppléer au silence de la loi.

Et, à l'appui de cette opinion, nous dirons pour la corroborer que si la loi de 1851 avait eu l'intention de statuer également pour les actes postérieurs au jugement comme elle l'avait fait pour les actes antérieurs, elle l'eût dit en propres termes, comme l'avait fait quelques mois auparavant le législateur dans l'article premier de la loi du 7 août 1850, ainsi conçu : « Dans les contestations entre

« patrons et ouvriers devant les conseils de prud'hommes,
« les actes de procédure ainsi que les jugements et *les*
« *actes nécessaires à leur exécution* seront rédigés sur pa-
« pier visé pour timbre, conformément à l'article 70 de la
« loi du 22 frimaire an VII. L'enregistrement aura lieu en
« débet. »

Cette disposition est très précise et limite exactement la portée de la dispense accordée, il est regrettable qu'elle n'ait pas également figuré dans la loi générale sur l'Assistance Judiciaire.

Mais, dira-t-on, comment expliquer et admettre qu'une loi spéciale, antérieure à la loi générale sur la matière, ait été mieux rédigée et plus étendue d'application que cette loi générale et fondamentale, qui, tout en laissant subsister la disposition de la loi de 1850 relative aux actes d'exécution, ne se l'est point appropriée? Rien ne peut, en effet, justifier cette particularité en ce qui concerne l'exécution des décisions rendues par les conseils des prud'hommes et expliquer à la fois le silence de notre loi en ce qui touche l'exécution des jugements rendus par les tribunaux civils et par tous ceux devant lesquels, aux termes de cette loi de 1851, l'Assistance Judiciaire peut être accordée.

La loi, a-t-on soutenu pour expliquer son silence, a considéré que, la décision une fois rendue au profit de l'assisté, cette décision met entre les mains de l'assisté les moyens suffisants pour arriver à son exécution. Dans bien des cas, en effet, l'indigent qui aura obtenu un jugement condamnant son adversaire à lui procurer une satisfaction appréciable en argent, ainsi muni de son titre exécutoire, trouvera, si l'adversaire est solvable, un officier ministériel, avoué ou huissier, qui lui consentira l'avance des frais nécessaires pour exécuter la condamnation et les prélèvera à titre privilégié sur le montant de celle-ci. Le plus souvent encore, l'indigent en possession de son jugement et n'ayant pas les ressources suffisantes pour le faire exécuter, s'adressera à des agents, parfois peu honnêtes, qui, au cas de succès de la poursuite exercée à leurs risques et périls, conserveront par devers eux 25 ou 50 0/0 des sommes recouvrées. De sorte qu'on arrive à ce résultat choquant et immoral de voir l'indigent, qui a exercé en justice, avec le secours de l'Assistance Judiciaire, une réclamation bien fondée, obligé d'abandonner entre les mains d'intermédiaires inutiles la majeure partie du montant de la créance dont il poursuit le recouvrement en vertu du jugement rendu à son profit, mais non plus avec le secours de l'Assistance Judiciaire.

Il y a là quelque chose de contradictoire dans ce résultat auxquel on aboutit forcément ; car on donne à l'indigent les moyens de faire valoir ses droits en justice, on lui facilite l'obtention d'un jugement sans qu'il ait à faire l'avance d'aucuns frais, puis on le laisse dans l'impossibilité la plus absolue de mettre le jugement à exécution sans faire le débours des frais à ce nécessaires et parfois assez importants. Le but de la loi, qui était de mettre les deux plaideurs sur un pied complet d'égalité, n'a pas été atteint ; le plaideur assisté se trouve dans la situation d'un duelliste entre les mains duquel on aurait mis une arme dont il ne pouvait se servir et placé en face d'un adversaire utilement armé ; dans ces conditions la lutte serait évidemment inégale. De même, l'indigent armé de son titre exécutoire est sans force puisqu'il ne peut s'en servir utilement.

Ce résultat, auquel conduit inévitablement le texte de la loi de 1851, est logiquement aussi inexplicable : en effet, la réclamation du droit pour laquelle le bénéfice de l'Assistance Judiciaire a été concédé, n'est qu'un acheminement vers l'obtention de ce droit, c'est-à-dire vers sa réalisation pratique, et le jugement rendu n'est qu'un moyen pour arriver à ce résultat et pour la mise en mouvement duquel certaines forces pécuniaires sont nécessaires, dont l'Assistance Judiciaire, conformément à son but, devrait faire l'avance au profit de l'indigent assisté.

Nous retombons ici dans un reproche que nous avons déjà adressé à l'esprit dans lequel la loi du 22 janvier 1851 a été conçue. Cette loi ne semble vouloir accorder le bénéfice de l'Assistance Judiciaire que pour la réclamation ou la défense d'un droit contesté, litigieux, et non, au contraire, pour la réclamation d'un droit incontestable. Or, le droit qu'on exerce en vertu d'un jugement rentre bien dans la catégorie des droits incontestés et même incontestables, puisqu'il s'agit toujours ici de jugements ayant acquis l'autorité de la chose jugée. L'esprit de la loi de 1851, qui n'a été de n'accorder l'Assistance Judiciaire que pour l'exercice d'un *droit litigieux*, aurait dû être beaucoup plus large en dispensant l'indigent du paiement de tous les droits et frais que nécessite l'exercice de tout droit en justice, contesté ou non. Cela est si vrai que, comme nous le verrons bientôt en passant en revue certaines procédures, dans les cas où la condamnation fait partie intégrante de l'action intentée, la pratique a décidé, après plusieurs circulaires du Garde des Sceaux, du ministre des finances et du directeur de l'enregistrement, que le bénéfice de l'Assistance Judiciaire s'étendrait de plein droit à l'exécution même de la condamnation, objet de la demande.

Nous venons de voir que les effets de l'Assistance Judiciaire doivent cesser dès qu'un jugement ou un arrêt, ayant acquis la force de la chose jugée, aura été rendu contre l'assisté ou à son profit. En précisant à quel moment exact une décision, soit contradictoire, soit par défaut, aura acquis la force de la chose jugée, nous saurons jusqu'à quelle phase précise de la procédure l'Assistance Judiciaire produira ses effets. Nous allons envisager cette question successivement à l'égard des jugements contradictoires, puis en ce qui concerne les jugements rendus par défaut.

1° JUGEMENTS CONTRADICTOIRES. — L'article 443 du Code de procédure civile, suivant la rédaction de la loi du 3 mai 1862, est ainsi conçu : « Le délai pour interjeter « appel sera de deux mois. Il courra pour les jugements « contradictoires du jour de la signification à personne « ou domicile. Pour les jugements par défaut du jour où « l'opposition ne sera plus recevable ». Pour faire courir le délai d'appel, dont l'expiration donnera au jugement susceptible d'appel la force de la chose jugée, il faut signifier ce jugement à l'adversaire qui a succombé ; le jugement n'étant définitif qu'après un délai de deux mois à compter de sa signification, si appel n'a pas été interjeté, le bénéfice de l'Assistance Judiciaire s'appliquera donc à l'acte de signification, acte qui fait courir les délais d'appel. Cette question n'a jamais fait l'objet d'aucun doute.

Mais que faut-il penser des actes d'exécution de ce même jugement faits à la requête de l'assisté avant que le jugement soit passé en force de chose jugée ? Ils ne bénéficieront pas de la dispense accordée par la loi de 1851, non plus que les actes d'exécution faits à même requête après que le jugement sera passé en force de chose jugée ; en effet, l'exécution ne peut être poursuivie avec fruit que lorsque le jugement n'est plus susceptible d'aucune voie de recours ordinaire, l'appel interjeté dans les délais de la loi suspendant l'exécution ; il était donc naturel que le trésor n'avançât pas les frais d'une procédure qui pourrait être arrêtée, ce qui eût constitué de sa part une avance inutile.

2° Jugements par défaut. — L'article 157 du Code de procédure civile est ainsi conçu : « Si le jugement est rendu « contre une partie ayant un avoué, l'opposition ne sera « recevable que pendant huitaine à compter du jour de « la signification à avoué ». C'est le cas d'un jugement par défaut faute de conclure ; le délai passé lequel ce jugement ne sera plus susceptible d'opposition courant du jour de sa signification à avoué, cet acte sera dispensé du paiement des droits de timbre et d'enregistrement et fait

sans aucun frais par le ministère de l'huissier commis.

Envisageant l'espèce la plus fréquente, celle du jugement par défaut faute de comparaître, l'article 157 dit que
« s'il est rendu contre une personne qui n'a pas d'avoué,
« l'opposition sera recevable jusqu'à l'exécution du juge-
« ment. » La question devient plus délicate ici, car si pour
que le jugement par défaut faute de comparaître soit exécuté pour être définitif, il est évident, d'après tout ce que
nous venons de dire que, dans ce cas, les actes d'exécution
comme les actes antérieurs au jugement seront faits sans
frais. Mais précisons maintenant ce que la loi a voulu dire
en parlant de l'exécution du jugement; n'a-t-elle pas
plutôt eu en vue un simple commencement d'exécution ?
Voici à ce sujet comment s'exprime l'article 159 du Code
de procédure civile : « Le jugement est réputé exécuté
« lorsque les meubles saisis ont été vendus, ou que le con-
« damné a été emprisonné ou recommandé, ou que la
« saisie d'un ou de plusieurs de ses immeubles lui a été
« notifiée, ou que les frais ont été payés, ou enfin lorsqu'il
« y a quelqu'acte duquel il résulte nécessairement que
« l'exécution a été connue de la partie défaillante. »
Cette partie du texte où il est question de l'emprisonnement ou de la recommandation du condamné fait allusion
à la contrainte par corps supprimée en matières civile et
commerciale par la loi du 22 juillet 1867, article 1, nous
n'avons donc pas à nous en préoccuper, les condamnations civiles ne pouvant être exécutées par la voie de la
contrainte par corps que pour réparations de crimes,

délits ou contraventions commis au préjudice de particuliers, conformément à l'article 4 de la dite loi.

Pour résumer d'un mot l'article 159, il faut, pour qu'un
jugement par défaut soit réputé exécuté, qu'un acte quelconque ait été fait, mais tel qu'il en résulte nécessairement
que l'exécution ait été connue de la partie condamnée défaillante.

Mais, dira-t-on, l'assisté au profit duquel un jugement
par défaut aura été rendu va se trouver dans la même
situation que l'assisté qui a obtenu un jugement contradictoire et qui attend l'expiration du délai de deux mois pendant lequel appel de son jugement peut être interjeté ?
Non, la situation est bien différente dans les deux cas ; en
effet, aux termes de l'article 156 du Code de procédure
civile les jugements par défaut seront exécutés dans les
six mois de leur obtention et non de leur signification, à
peine d'être réputés non avenus, c'est-à-dire qu'ils seraient
périmés, par suite inexistants.

Un jugement rendu par défaut au profit d'un indigent
assisté ne pouvant lui procurer un crédit suffisant pour
faire procéder à ses frais aux actes d'exécution de ce jugement, car il est susceptible d'opposition jusqu'à son
exécution, laquelle ne peut être suivie que pendant six
mois seulement à dater du jugement, passé lequel délai il
est réputé non avenu, l'administration de l'enregistrement
fera l'avance des frais nécessaires pour rendre le jugement définitif, autrement dit pour l'exécuter. Ceci résulte
d'une décision du ministre des finances à la date du
29 avril 1853.

Ainsi s'agissant d'exécuter par voie de saisie mobilière un jugement par défaut rendu au profit d'un assisté, le trésor fera l'avance des salaires accordés aux témoins, et au gardien de la saisie, des frais de transport des meubles à la salle des ventes, s'il y a lieu ; le montant des droits de timbre et d'enregistrement dûs même pour les actes d'exécution, ainsi que les honoraires et émoluments dûs aux officiers ministériels, seront prélevés par l'administration de l'enregistrement sur le produit de la vente et distribués aux ayants-droit.

L'instruction de la Régie, qui accompagne l'envoi à ses préposés de la décision ministérielle du 29 avril 1853, appelle leur attention en ces termes sur l'application de la décision : « Sans doute, il appartient à l'assisté, dans « son propre intérêt, de pourvoir lui-même à l'exécution « de ces jugements. Mais les receveurs n'en doivent pas « moins, pour mettre à couvert leur responsabilité, faire « toutes les diligences nécessaires pour parvenir au recou- « vrement des frais dans le délai fixé par l'article 156 du « code de procédure civile. Cependant il convient d'éviter « que l'adversaire de l'assisté soit, en même temps, l'objet « des poursuites de l'administration et de celles de l'assisté. « Les receveurs devront se concerter, s'il est possible, « avec l'assisté ou ses conseils, afin de prévenir cet incon- « vénient. » C'est qu'en effet si l'assisté restait inactif pendant six mois à compter de l'obtention du jugement rendu par défaut à son profit, ce jugement serait périmé et l'administration se verrait dans l'impossibilité de faire procéder au recouvrement des avances faites par elle et des droits de timbre et d'enregistrement qui lui seraient dûs.

Aussi dans la pratique les choses se passent-elles de la façon suivante, le paiement des frais étant, aux termes de l'article 159, un mode d'exécution du jugement suffisant pour interrompre la péremption, après la signification du jugement, l'avoué de la partie assistée fait faire par l'huissier commis à l'adversaire condamné, et ce à la requête de l'assisté et de l'administration de l'enregistrement, commandement d'avoir à payer le montant des droits en débet et des avances faites par elle à son profit, frais d'ailleurs liquidés au jugement ; si ce commandement demeure sans effet, l'exécution continue par voie de saisie puis de vente des meubles et effets mobiliers du débiteur, ou par un procès-verbal de carence, si l'adversaire est lui-même assisté ou insolvable.

Le jugement devient par là même définitif, non susceptible d'opposition et la péremption est empêchée : l'assisté désormais pourra requérir à ses frais l'exécution de la condamnation au principal, car nous tombons dans le cas de l'exécution d'un jugement ayant force de chose jugée.

Grâce à ce procédé qui consiste à poursuivre le paiement des frais, on évite l'inconvénient signalé par l'administration par lequel la partie condamnée aurait pu se voir à la fois poursuivie par l'enregistrement pour le paiement des frais et par l'assisté pour l'exécution de la condamnation prononcée à son profit.

Indépendamment des actes d'exécution nécessaires pour faire acquérir la force de la chose jugée aux décisions rendues par défaut, ce qui montre bien encore une fois le lien étroit qui relie dans la plupart des cas l'obtention du jugement à son exécution, le bénéfice de l'Assistance Judiciaire a été étendu dans des instances spéciales, dont nous allons passer rapidement en revue les principales, à certains actes d'exécution.

DEMANDE EN PARTAGE. — Si l'Assistance Judiciaire a été accordée, et rien ne s'y oppose, pour introduire une demande en partage, son bénéfice, d'après les principes que nous avons exposés, devrait s'arrêter au jugement du tribunal compétent ordonnant le partage, nous nous plaçons évidemment en présence d'un jugement rendu contradictoirement. Mais, à bien le considérer, ce jugement n'est qu'un acte pur et simple de la procédure de partage, et ce serait accorder à l'assisté un secours illusoire que de limiter le bénéfice de l'Assistance Judiciaire au jugement ordonnant le partage, car il ne pourrait, étant sans ressources, triompher de la résistance de son adversaire et atteindre le but qu'il s'était proposé, un partage judiciaire. Aussi deux lettres circulaires, l'une du Garde des Sceaux au ministre des finances du 7 août 1875, l'autre du ministre des finances au Garde des Sceaux à la date du 18 novembre 1875 (1), ont décidé que les opérations du partage ne pouvant être considérées comme des actes d'exécution véritable, le bénéfice de l'Assistance Judiciaire accordé en matière de partage s'appliquerait à tous les actes, à commencer à la demande pour n'expirer qu'avec le jugement d'homologation du partage.

(1) BIOCHE. — *Journal de Procédure Civile*, art. 11453.

Séparation de biens. — Cette procédure de séparation de biens entraînant de graves conséquences au point de vue du crédit des époux, est soumise à des formes spéciales. Aux termes de l'article 1 445 du Code civil et des articles 866 à 872 du Code de procédure civile, la demande afin de séparation de biens doit être rendue publique dans les trois jours de sa date par des insertions et affiches dans un journal et dans des lieux spécialement désignés par la loi, formalités qui doivent être remplies dans le délai indiqué et suivant les prescriptions de la loi à peine de nullité. Si donc la demande a été faite par une personne ayant obtenu le bénéfice de l'Assistance Judiciaire, il est bien entendu que ces formalités, insertions et affiches, seront faites gratuitement, comme tous autres actes de procédure.

Mais ce qui nous intéresse plus particulièrement, concernant cette procédure de séparation de biens, c'est la disposition de l'article 1 444 du Code civil ainsi conçu : « La « séparation de biens quoique prononcée en justice est « nulle si elle n'a point été exécutée par le paiement réel « des droits et reprises de la femme, effectué par acte « authentique, jusqu'à concurrence des biens du mari, ou « au moins par des poursuites commencées dans la « quinzaine qui a suivi le jugement et non interrompues « depuis. » Enfin, concurremment à la disposition de l'article 1 445 du Code civil sus-énoncé, et dans ce même délai de quinze jours à compter du jour du jugement, et non de sa signification, et conformément à l'article 872 du Code de Procédure Civile, ce jugement doit, comme la demande même, être rendu public par l'affichage dans l'auditoire du tribunal civil du lieu où le jugement aura été rendu, dans l'auditoire du tribunal de commerce ou de la maison commune du domicile du mari, et dans les chambres des notaires et avoués de l'arrondissement, d'un extrait du jugement prononçant la séparation de biens, et par l'insertion de cet extrait dans un journal d'annonces judiciaires et legales du lieu où siège le tribunal. Enfin ce même jugement de séparation de biens sera lu publiquement en audience au tribunal de commerce, s'il en existe un dans l'arrondissement.

La séparation de biens prononcée par ce jugement étant nulle si toutes ces formalités ne sont pas remplies dans ce délai de quinze jours, elles ont été considérées comme nécessaires pour faire acquérir au jugement la force de la chose jugée et comme telles dispensées des droits de timbre et d'enregistrement, ainsi que du coût de leur exécution.

La publicité sera donc faite gratuitement, de même l'acte de liquidation des reprises de la femme, puisque la séparation de biens pour être valable, devra être suivie du paiement réel des droits et reprises de la femme ou du moins de poursuites commencées dans la quinzaine du jugement et non interrompues.

Il n'y a pas à distinguer, que le jugement ait été rendu contradictoirement ou par défaut, puisque dans ces deux cas la liquidation des reprises est un acte nécessaire pour faire acquérir au jugement l'autorité de la chose jugée et comme tel jouit du bénéfice de l'Assistance Judiciaire.

Ce qui prouve bien que l'Assistance Judiciaire accordée en matière de séparation de biens étend son bénéfice aux actes d'exécution uniquement parce que la validité du jugement dépend de la liquidation et du paiement des reprises, c'est que si l'Assistance Judiciaire a été obtenue pour intenter une instance en séparation de corps, son bénéfice ne s'étend qu'aux actes nécessaires pour rendre le jugement définitif, suivant qu'il est contradictoire ou par défaut, et que la séparation de biens, conséquence forcée de la séparation de corps, ne bénéficie nullement, pour la liquidation qu'elle entraîne, de la dispense des droits ; sauf le cas où, suivant une décision du ministre des finances du 15 mars 1869, le jugement prononçant la séparation de corps étant rendu par défaut, la liquidation des reprises étant, aux termes de l'article 159 du Code de procédure civile un acte d'exécution nécessaire pour faire acquérir au jugement la force de la chose jugée, cet acte de liquidation pouvait être fait sans frais et bénéficier de la dispense des droits de timbre et d'enregistrement.

Donc et pour nous résumer sur la question de l'Assistance Judiciaire concernant la procédure postérieure tant au jugement de séparation de biens qu'au jugement de séparation de corps, et ceci semble contradictoire, dans le premier cas la liquidation des reprises de la femme sera faite sans frais, dans le second cas, sauf le cas spécial que nous venons de signaler, le notaire pourra réclamer à l'assisté le paiement des frais, honoraires et émoluments dûs pour la liquidation.

Malgré l'opposition flagrante de ces résultats et malgré de nombreuses réclamations, notamment de la part de la Chambre des Notaires de Paris, l'administration de l'enregistrement a maintenu cet état de choses si peu satisfaisant.

Divorce. — Il en est du divorce comme de la séparation de corps en tant qu'il entraîne la dissolution et la liquidation de la communauté ; la liquidation des reprises ou de la communauté, ainsi que les actes qui la précèdent, tels que la renonciation à la communauté, n'est pas exempte du paiement des droits et frais qu'elle occasionne. — Ajoutons que l'époux assisté qui aura obtenu le divorce, si le jugement n'a pas été frappé d'opposition ni d'appel, après l'expiration des délais, pourra se faire délivrer par l'officier de l'état civil devant lequel le mariage aura été célébré, une copie de l'acte de divorce, sans avoir à acquitter le droit fixe de 150 francs perçu régulièrement en pareille matière ; cette expédition étant considérée comme le complément indispensable de la procédure du divorce, comme un titre définitif aux mains de l'assisté au profit de qui le divorce aura été prononcé.

Signalons ici à titre purement accessoire qu'en vertu d'une circulaire du Garde des Sceaux les journaux d'annonces judiciaires et légales, comme corollaire de l'avantage qui leur est fait par le préfet de chaque département en les désignant comme tels entre les autres, font et sont obligés de faire gratuitement les insertions prescrites par la loi en matière de séparations de corps ou de biens et de divorce, lorsque le bénéfice de l'assistance judiciaire a été concédé en vue de ces procédures.

Hypothèque judiciaire. — En présence des principes ultérieurement posés, il semble que les formalités requises pour l'inscription de l'hypothèse résultant d'un jugement ou d'un arrêt, quoique constituant une mesure purement conservatoire, rentrent dans la classe des actes d'exécution de ces sentences, d'autant mieux que la loi du 22 janvier 1851 n'a aucunement envisagé le cas de l'inscription de l'hypothèque judiciaire.

Cependant remarquons qu'une décision du ministre des finances, du 29 avril 1853, a appliqué aux formalités hypothécaires les mêmes distinctions que celles que nous avons formulées en matière d'exécution des jugements, soit contradictoires soit par défaut.

Si donc l'inscription est prise en vertu d'un jugement contradictoirement rendu, l'assisté, conformément à l'argument déjà cité, ayant entre les mains un titre exécutoire, a, par suite, le crédit nécessaire pour mettre ce titre à exécution ; la conséquence est donc la même que celle que nous avons déduite pour les autres actes d'exécution, c'est que dans ce cas le bénéfice de l'Assistance Judiciaire ne saurait être étendu aux formalités hypothécaires.

Si, au contraire, l'inscription d'hypothèque judiciaire doit être prise en vertu d'un jugement par défaut ou au cours d'une instance pour laquelle le bénéfice de l'Assistance Judiciaire avait été accordé, la décision précitée du 29 avril 1853 dispense de l'avance des droits, mais sur la justification de l'admission à l'Assistance Judiciaire, les inscriptions hypothécaires résultant, aux termes de l'article 2123 du Code civil, des jugements par défaut auxquels il peut être formé opposition, des jugements provisoires et des jugements contradictoires et définitifs, jusqu'à ce que le délai d'appel ou du pourvoi en cassation soit expiré. Les registres des conservateurs étant timbrés, ceux-ci feront l'avance des droits de timbre, avance qui leur sera remboursée chaque année par l'administration de l'enregistrement sur la présentation d'états faits en double et remplissant certaines conditions spécifiées dans une instruction adressée à cet effet aux conservateurs.

Action en résolution de vente. — Si un individu indigent avait obtenu l'Assistance Judiciaire pour introduire et suivre une demande en résolution d'un acte de vente, la mention du jugement prononçant la résolution en marge de la transcription de l'acte de vente, conformément à l'article 4 de la loi du 23 mars 1855, ne serait pas faite sur les frais avancés par l'avoué, mais bien gratuitement; et pourtant l'avoué qui a obtenu le jugement, à peine de cent francs d'amende, doit requérir cette mention dans le mois à compter du jour où le jugement n'est plus susceptible des voies de recours ordinaires. C'est que cette mention est exigée plutôt dans l'intérêt des tiers qui pourraient traiter avec l'acheteur contre lequel le jugement de résolution aura été prononcé, en considération du crédit que lui donne cette augmentation de son patrimoine, que dans l'intérêt de l'assisté.

Si donc, en principe, le bénéfice de l'Assistance Judiciaire ne s'étend pas *de plano* aux actes d'exécution des décisions obtenues, nous venons de voir par l'examen qui précède de toutes ces exceptions, que le principe, ce qui montre combien il est rigoureux et injustifié, comporte de nombreux correctifs, qui, loin de préciser et de confirmer la règle, comme on dit souvent, de l'exception, la mettent en échec et ne tendent rien moins qu'à l'annihiler.

Maintenant que connaissant quelques-uns des cas dans lesquels le bénéfice de l'Assistance Judiciaire est exceptionnellement étendu à certains actes d'exécution, voyons ceux dans lesquels il est particulièrement choquant de voir refuser à l'assisté la dispense du paiement des droits et frais nécessaires pour procéder à l'exécution des jugements rendus à son profit.

Tout d'abord, supposons le cas trop fréquent d'ailleurs où le père et la mère, tombés dans la misère par suite d'un revers de fortune ou après avoir fait don à leurs enfants de tout ce qu'ils possédaient, se trouvant actuellement dans l'impossibilité de gagner leur vie par le travail, se voient dans la dure nécessité de recourir aux tribunaux pour se faire attribuer à la charge de leurs enfants ingrats une certaine somme mensuelle à titre de pension alimentaire, conformément à l'article 205 du Code civil. Ces pères ou mères nécessiteux demanderont et obtiendront l'Assistance Judiciaire pour former contre leurs enfants une demande en pension alimentaire et suivre sur cette demande. Qu'arrivera-t-il? ou bien le demandeur mal fondé en sa demande et reconnu par le tribunal en possession de ressources suffisantes pour subvenir à ses besoins sera débouté et les frais avancés par le Trésor, ainsi que les sommes dues aux officiers ministériels, ne seront point recouvrés, sauf le cas de retrait de l'Assistance Judiciaire,

et alors il ne pourra être question d'exécuter le jugement ;
ou bien, ce qui sera le plus fréquent, l'assisté obtiendra un
jugement de condamnation rendu à son profit : l'avoué
chargé d'occuper pour lui signifiera le jugement aux enfants, ses adversaires, ce qui fera courir les délais d'opposition ou d'appel, suivant que le jugement sera par défaut
ou contradictoire, et le jugement une fois passé en force de
chose jugée, les délais étant expirés, il établira l'état des
frais, le fera taxer, lèvera le certificat de non opposition,
ni appel, puis l'exécutoire des dépens à la requête de l'administration de l'enregistrement, la distraction étant de
droit à son profit. Dès lors le ministère de l'avoué est terminé, avec lui expire le bénéfice de l'Assistance Judiciaire.

Si donc l'assisté, détenteur désormais de la grosse du
jugement rendu à son profit et revêtu de la formule exécutoire, veut en poursuivre l'exécution, n'était-ce pas
dans ce but qu'il avait intenté son action, il lui faudra
avoir recours au ministère d'un huissier pour faire faire
commandement à ses enfants condamnés d'avoir à lui
payer la somme fixée par le jugement, faute de quoi faire,
il en opérera le recouvrement par la saisie immédiatement suivie de la vente de leurs biens meubles et par
toute voie de contrainte qui lui sera ouverte. Mais à qui
s'adressera-t-il ? évidemment à l'huissier commis par le
syndic des huissiers de l'arrondissement, qui lui répondra
qu'il a été commis pour lui prêter gratuitement son ministère pour obtenir un jugement de condamnation contre
ses enfants et le leur signifier, mais qu'étant en possession
de son jugement, son ministère est terminé, car il n'a

pas été commis pour faire les actes nécessaires à l'exécution de ce jugement « demandez, dira cet huissier à « l'assisté, l'Assistance Judiciaire en vue de faire exécuter « votre jugement, ou faites-moi l'avance des frais de mise « à exécution ».

Or, il est de toute évidence ici que l'indigent qui a dû s'adresser à la justice pour obtenir, de ses enfants et pour vivre, le paiement d'une certaine somme, souvent modique, trente ou cinquante francs par mois, cinq ou dix francs par chaque enfant, à titre de pension alimentaire, ne pourra jamais, étant à bout de ressources, faire l'avance des frais quels qu'ils soient nécessaires pour exécuter le jugement et le plus souvent répétés à chaque échéance, c'est-à-dire tous les mois.

Quant au point de savoir si cet indigent pourra demander et surtout obtenir l'Assistance Judiciaire pour faire exécuter le jugement rendu à son profit, nous l'étudierons bientôt en détail. Laissant pour l'instant cette question de côté, nous sommes donc amenés à dire que le parent assisté ne pourra, s'il est en présence d'enfants sourds à ses prières et décidés à ne payer que contraints et forcés, obtenir le paiement de sa créance résultant directement de son jugement. La loi de 1851 a donc autorisé le père ou la mère indigent à se faire servir par leurs enfants une pension alimentaire, mais leur a refusé ou a omis de leur concéder le moyen de se la faire payer; c'est renouveler pour le père affamé d'existence le supplice de Tantale.

On a objecté ici, comme dans tous les cas où l'exécution

est refusée, que si le titre est bon, c'est-à-dire si la partie condamnée est solvable, l'assisté trouvera aisément des prêteurs qui lui feront l'avance des fonds nécessaires pour parvenir à la réalisation du titre ; si, dans certains cas, la difficulté trouve, par ce procédé, une solution, il n'en sera presque jamais de même au cas de paiement de sommes à titre de pension alimentaire, les sommes étant souvent trop modiques, cinq ou dix francs, et l'avance devant se répéter chaque mois. Un seul bailleur de fonds est possible, c'est l'État ; il ne ferait, en cela, que continuer son rôle, sans exposer inutilement aucune somme : en effet, si le titre était foncièrement mauvais, le trésor, pas plus que les particuliers, ne ferait à l'assisté l'avance des frais d'exécution ; mais si la solvabilité du condamné n'est pas établie d'une façon précise, les particuliers, soit dans la crainte d'exposer des sommes qu'ils ne pourraient pas recouvrer, soit pour s'éviter des recherches sur la solvabilité du débiteur, refuseront toute avance ; c'est particulièrement dans ce cas où l'intervention de l'État au profit de l'assisté, par la simple extension du bénéfice de l'Assistance Judiciaire aux actes d'exécution, s'impose encore davantage en faveur des indigents.

La solution consacrée par la pratique et contre laquelle nous venons de plaider est injuste et illogique ; la grosse du jugement mise entre les mains du père indigent n'est-elle pas revêtue de la formule exécutoire ainsi conçue ? « En conséquence, le Président de la République mande « et ordonne à tous huissiers sur ce requis de mettre les « présentes à exécution, aux procureurs généraux et aux

« procureurs de la République d'y tenir la main, à tous
« commandants et officiers de la force publique d'y prêter
« main forte lorsqu'ils en seront légalement requis ».
Cette formule exécutoire, que l'indigent n'a pu obtenir
que grâce au bénéfice de l'Assistance Judiciaire qui lui a
été concédée, restera vaine et de nul effet, parce que le
bénéfice concédé est anéanti. N'eût-il pas mieux valu
tout d'abord renvoyer l'impétrant des fins de sa demande
ou lui refuser l'Assistance Judiciaire, puisqu'il se voit
arrêté tout près de toucher au but qu'il voulait atteindre.

De même, parmi les cas qui attirent plus particulièrement l'attention, nous pouvons citer les demandes en dommages et intérêts pour accidents, en reconnaissance de
dette, en restitution de sommes ou d'objets dérobés.

Nous insistons encore sur ce fait spécial : au cours
même d'une instance en divorce ou en séparation de corps
en vue de laquelle l'Assistance Judiciaire a été accordée,
s'il intervient, ce qui arrive le plus souvent, une ordonnance du président du tribunal devant lequel l'affaire est
pendante, condamnant le mari à servir à sa femme indigente et assistée une pension alimentaire ; malgré que
cette ordonnance, comme tout jugement, soit revêtue de
la formule exécutoire, la femme ne pourra poursuivre
même par le ministère de l'huissier commis le paiement
de la somme stipulée sans faire l'avance des frais nécessaires à cette exécution. Souvent, pour tourner la difficulté, si l'huissier chargé d'y procéder consent à le faire
gratuitement, la femme assistée, si son mari est employé
au fonctionnaire ou s'il est à sa connaissance que des

sommes d'argent, effets ou valeurs, lui soient dues par des tiers à quelque titre que ce soit, fera pratiquer à titre conservatoire une saisie, arrêt ou opposition . sur les salaires ou appointements auxquels il a droit ou sur les sommes et valeurs qui pourraient lui être dues.

Mais ce n'est là qu'une mesure conservatoire, qu'une menace, qu'un moyen d'intimidation susceptible d'amener le débiteur à composition, dans la crainte où il est de se trouver privé peut-être pendant longtemps du droit de toucher une partie de ses appointements ou de recouvrer le montant de ses créances. Si, à la suite de cette saisie-arrêt, il y a lieu de poursuivre la procédure en validité de saisie-arrêt, de même que pour la procédure de distribution par contribution, il faudra que le créancier fasse l'avance des frais nécessaires ou obtienne à ces fins spéciales le bénéfice de l'Assistance Judiciaire.

Mais pour réaliser ce moyen pratique d'éluder la difficulté, il faut la réunion de certaines conditions : il faut en effet que la partie condamnée par l'ordonnance en question soit employée de l'Etat, d'une administration, d'un commerçant ou d'un industriel, en un mot qu'elle ait des appointements à base fixe, ou qu'elle soit créancière elle-même de tierces personnes. Or, il est facile de prévoir des cas dans lesquels le débiteur dont s'agit ne satisfera à aucune de ces conditions ; et dans ces cas le fait n'en subsiste pas moins que l'époux créancier, en vertu d'une ordonnance d'une pension alimentaire, ne pourra en obtenir le paiement sans faire l'avance à chaque

échéance des frais nécessaires à l'exécution de l'ordonnance intervenue.

Avant d'étudier si et comment il serait possible d'étendre aux actes nécessaires à l'exécution des jugements le
bénéfice de l'Assistance Judiciaire concédé pour l'obtention de ces jugements, et de voir quelles réformes ont été
proposées à ce sujet, nous allons envisager maintenant la
question connexe de savoir si l'Assistance Judiciaire peut
être accordée spécialement dans le but d'exécuter un jugement obtenu avec ou sans le concours de l'Assistance
Judiciaire.

Section I. — *Le bénéfice de l'Assistance Judiciaire peut-il être
concédé spécialement en vue de l'exécution d'une décision judiciaire ?*

Nous avons vu précédemment quel compte il y avait à
tenir de l'article premier de la loi du 22 janvier 1851 lorsqu'il déclare que l'Assistance Judiciaire n'est accordée
que dans les cas prévus par la présente loi ; nous avons
prouvé que contrairement à la disposition de cet article,
la loi de 1851 est d'une application absolument générale ;
d'où la conclusion qui s'impose semble être que l'Assistance Judiciaire puisse être accordée indifféremment en
vue de l'obtention ou de l'exécution d'un jugement, si l'impétrant se trouve dans les conditions exigées par la loi de
1851.

Les motifs plus haut invoqués pour combattre l'exten-

sion du bénéfice de l'Assistance Judiciaire à l'exécution
d'un jugement rendu, à savoir en peu de mots : que la loi
de 1851 n'a eu en vue que les droits contestés et que si le
condamné est solvable l'assisté trouvera facilement des
prêteurs qui lui avanceront somme suffisante ; et que si,
au contraire, le débiteur est insolvable, l'indigent n'aura
aucun intérêt à faire exécuter la sentence rendue à son
profit et l'Etat y gagnera de ne pas faire l'avance de frais
improductifs et irrecouvrables ; toutes ces objections ont
trouvé leur réponse dans le début de cette étude, nous n'y
reviendrons pas ici. Quoiqu'il en soit, la première interprétation donnée à la loi de 1851 fut contraire à notre manière de voir.

Jusqu'en 1852, en effet, l'administration de l'enregistrement se prononça pour la négative en ce qui concerne la
question que nous venons de poser, disant que l'Assistance
Judiciaire ne pouvait être accordée seulement pour parvenir à l'exécution d'un jugement.

Une décision du bureau d'Assistance Judiciaire, établi
près la Cour d'appel de Paris, mérite d'être mentionnée ici
à cette occasion : le procureur général près la Cour d'appel
de Paris usant du pouvoir qui lui est réservé par l'article
12 de la loi de 1851, déféra au bureau de la Cour une décision rendue le 18 juillet 1851 par le bureau d'Assistance
Judiciaire de l'arrondissement de Bar-sur-Seine (Aube), lequel avait accordé à un sieur Deschoux le bénéfice de
l'Assistance Judiciaire dans le seul but de faire exécuter
un jugement de justice de paix rendu à son profit contre
le sieur Laysaute. Et la décision du bureau d'appel était

ainsi motivée : — « Considérant que l'esprit et le but de la
« loi du 22 janvier 1851 ont été de mettre les indigents en
« état de présenter et de faire valoir leurs droits devant la
« justice ; que dans cette vue elle leur a accordé toutes les
« exemptions nécessaires pour suivre leurs actions devant
« les tribunaux et pour arriver à une décision judiciaire,
« obtenir un jugement, le lever et le faire signifier ; mais
« qu'elle n'a pas étendu ses prévisions au-delà et que l'as-
« sistance ne peut être accordée que dans les cas déter-
« minés par la loi...... ;

« Considérant que tous les éléments sur lesquels doit se
« former la décision des bureaux, ceux-ci ne peuvent les
« réunir et les mettre en œuvre qu'autant qu'ils connais-
« sent de la demande en assistance avant l'action en jus-
« tice et non après que la décision a été rendue et qu'il ne
« s'agit plus que de l'exécuter, auquel cas leur action se-
« rait réduite à constater un résultat obtenu en dehors de
« tout examen de leur part....... » (1), puis développant les
motifs que nous avons déjà exposés plus haut, elle réfor-
mait la décision pourtant plus juste du bureau de Bar-
sur-Seine. Cette décision formellement motivée du bureau
d'appel de Paris fit jurisprudence à l'époque ; mais cette
solution ne devait pas être unanimement admise, elle fut
violemment et souvent combattue et ne triompha pas longtemps. Ce mouvement d'opinion opposée donna même à
réfléchir aux membres du bureau près la Cour d'appel de
Paris qui avaient, quelques années avant, cassé sans

(1) *Journal de l'Enregistrement et des Domaines*, art. 15534.

hésitation la décision du bureau de Bar-sur-Seine.

Déjà, en effet, des instructions émanant du directeur de l'enregistrement, et la décision du 29 avril 1853, prise par le ministre des finances, après avis du Garde des Sceaux, avaient étendu le bénéfice de la dispense des droits et frais aux actes de poursuite faits à la requête de l'assisté en possession d'un jugement rendu à son profit, jusqu'à ce que ce jugement fût passé en force de chose jugée, puis à l'exécution des jugements de séparation de biens par la liquidation gratuite de la communauté ou des reprises de la femme. Un mouvement très prononcé se dessinait dans ce sens-là.

Le 24 mars 1857, dans une délibération prise en assemblée générale, les membres du bureau d'Assistance Judiciaire établi près la Cour d'appel de Paris vinrent, nous pouvons dire, reconnaître leur erreur, et, donnant à la loi du 22 janvier 1851 la qualité de loi de bienfaisance, et à ce titre l'interprétation la plus large, décider que l'Assistance Judiciaire pouvait être accordée après l'obtention d'un jugement de séparation de corps pour procéder à la liquidation de la communauté ayant existé entre les époux.

A l'appui de cette délibération, un jugement du tribunal civil de première instance de Bellac rendit une décision conforme dans l'espèce suivante ; nous croyons utile de nous arrêter quelques instants sur ce jugement du 30 août 1860, qui est d'une importance capitale pour l'étude de notre sujet par ses motifs et par les résultats auxquels il a conduit. C'est en résumé le point de départ de toute cette tendance vers l'extension du bénéfice de l'Assistance Judiciaire aux actes d'exécution des jugements, sentence qui honore les juges qui l'ont rendue.

Voici donc l'espèce : Un jugement du tribunal de Bellac, du 23 août 1849, avait décidé qu'une somme de 1409 francs, pour laquelle un sieur Thévenot avait été colloqué sur le prix d'un immeuble vendu et, par suite d'une spéculation frauduleuse, serait payée à Jeanne Buisson, femme Doussinaud, et avait condamné Thévenot aux dépens. La femme Doussinaud, peu fortunée, obtint, par une décision du bureau de Bellac en date du 13 juin 1852, le bénéfice de l'Assistance Judiciaire pour faire exécuter le jugement susénoncé ; l'administration de l'enregistrement, en vertu de cette décision, avança les frais de mise à exécution qui s'élevèrent à la somme de 423 francs ; un exécutoire fut levé et délivré au nom de l'enregistrement contre les héritiers du sieur Thévenot, qui formèrent opposition à la contrainte décernée contre eux et assignèrent l'administration de l'enregistrement devant le tribunal de Bellac qui rendit, le 30 août 1860, le jugement qui nous occupe en ce moment, dont les motifs sont en tous points la contre-partie de la décision du bureau d'Assistance de la Cour d'appel de Paris, décision que nous avons étudiée et commentée plus haut.

Considérant donc que la loi de 1851 est une œuvre de bienfaisance qui, par sa nature et son essence, doit, dans son application pratique, recevoir une large interprétation... — « Considérant que la contestation du droit n'est « qu'un enchaînement à l'obtention des bénéfices qui

« doivent en provenir, mais non à la réalisation de ce bé-
« néfice ; qu'il y a encore souvent des résistances à vaincre
« pour la mise en possession sans laquelle le droit le plus
« légitime demeure sans valeur ; que l'ensemble de la loi
« dans son esprit, que la lettre ne contredit en rien, exige
« que l'assistance soit accordée partout où elle est reconnue
« indispensable, non pour l'exercice d'un droit litigieux et
« par cela incertain, mais encore, à plus forte raison, pour
« la réclamation du droit incontestable ; car alors l'admi-
« nistration de l'enregistrement et des domaines, qui a à
« faire l'avance des frais, n'a aucune chance à courir pour
« le remboursement..... ; Considérant, au surplus, que le
« refus ou la dation de l'Assistance Judiciaire entre dans
« les attributions exclusives du bureau préposé à l'examen
« de la demande et que, suivant l'article 12 de la loi, ces
« décisions ne sont susceptibles d'aucun recours..... que
« l'assistance ayant été accordée à Jeanne Buisson, femme
« Doussinaud, par décision du bureau de Bellac du
« 13 juin 1852, sans recours de la part du procureur géné-
« ral, c'est là un fait accompli qui a dû produire ses
« effets... », le tribunal de Bellac décide : « qu'incontesta-
« blement l'administration de l'enregistrement a titre et
« qualité comme substituée aux droits de Jeanne Buisson
« l'assistée, pour le recouvrement des frais objet de la con-
« trainte dont s'agit (1) », bien qu'en réalité la condamnation aux dépens ne puisse être prononcée au profit de l'administration.

(1) *Journal de l'Enregistrement et des Domaines.* Art. 17216.

L'esprit de ce jugement, contrairement à la décision du 30 mars 1852 du bureau d'appel de la Seine, semble demander que l'Assistance Judiciaire soit accordée toutes les fois qu'elle sera reconnue indispensable ou seulement utile. C'était bien donner à la loi de 1851 l'interprétation et l'application les plus larges qu'il fût possible.

Ce jugement du tribunal de Bellac marque donc une date dans l'étude de l'Assistance Judiciaire. Nous avons vu, en effet, qu'antérieurement à 1860, tout le monde était unanime à refuser le bénéfice de l'Assistance Judiciaire en vue d'obtenir l'exécution d'un jugement.—Le 24 mars 1857, dans une délibération, les membres du bureau d'Assistance Judiciaire, établi près la Cour d'appel de la Seine, émirent le vœu d'adresser au Garde des Sceaux une lettre dans laquelle ils se proposaient de lui signaler l'utilité de l'admission au bénéfice de l'Assistance Judiciaire en vue de l'exécution des jugements, particulièrement en cas de condamnation au paiement de certaines sommes à titre de pension alimentaire. Ce vœu, nous le pensons, fut mis à exécution, mais ne produisit aucun résultat appréciable ; en effet, le pouvoir exécutif ne pouvait pas seul étendre le texte de la loi de 1851, il fallait une réforme législative, bien souvent demandée et que nous attendons encore.

Dans une instruction du 11 janvier 1858 du procureur impérial près le tribunal de la Seine adressée au président de la Chambre des avoués, nous rencontrons encore cette disposition formelle en opposition avec la décision de 1860 du tribunal de Bellac : « Je rappelle pour ordre seulement « que le bénéfice de l'Assistance Judiciaire ne s'étend pas

« à l'exécution des jugements contradictoires ; dans ce
« premier cas la mission de l'avoué se termine par la si-
« gnification. » Le second cas prévu par cette instruction
est celui des jugements par défaut qui, comme nous
l'avons vu, tomberaient en péremption s'ils n'étaient exécutés dans les six mois de leur date et pour l'exécution
desquels le bénéfice de l'Assistance Judiciaire s'applique.

Les auteurs sont unanimes à dire que maintenant et
depuis le jugement de 1860 rendu par le tribunal de Bellac, l'Assistance Judiciaire peut être accordée après le
jugement et pour en suivre l'exécution, que l'adversaire
poursuivi doit au trésor, en vertu de la décision du bureau
concluant à l'admission, les frais d'exécution ; un exécutoire supplémentaire de ces frais sera délivré au nom de
l'enregistrement.

D'après diverses décisions de 1860, 1861, 1862, l'administration de l'enregistrement a reconnu que les actes
faits après le jugement, en vertu d'une admission à
l'Assistance Judiciaire et à la requête de l'assisté pour
parvenir à l'exécution de ce jugement, devaient être visés
pour timbre et enregistrés en débet.

Malgré l'authenticité de ces décisions et la confiance que
nous avons dans le témoignage des auteurs ; malgré encore que l'administration de l'enregistrement ait ordonné
à ses agents, par des circulaires successives du 5 novembre
1856, 22 mars 1859 et 25 avril 1862, de se conformer à la
décision du bureau qui aurait accordé l'Assistance Judiciaire pour des actes d'exécution, tant que le procureur
général n'aurait pas provoqué la réformation de cette dé-

cision par le bureau de la juridiction supérieure ; malgré le jugement du tribunal de Bellac, nous sommes obligés de dire ici que les agents de l'administration ne se considèrent pas toujours et à tort comme liés par la décision quasi-inattaquable du bureau d'Assistance Judiciaire ; que souvent et sans aucun titre ils en ont contesté la validité et sont parvenus à triompher contre le texte même de la loi.

Et nous nous permettrons, pour justifier cette critique adressée à l'administration de l'enregistrement, d'exposer ici une espèce absolument conforme et dont nous avons pu suivre personnellement, il y a quelques années seulement, le développement : A la date du 3 avril 1884 un jugement rendu par la Deuxième Chambre du tribunal civil de la Seine avait condamné un sieur Desplats à payer, à une mineure, Gouget, une rente viagère de cent francs par an, la première annuité devant être versée dans la quinzaine de la signification du jugement ; l'Assistance Judiciaire ayant été accordée à un sieur Gouget en sa qualité de tuteur de la mineure, le jugement fut signifié sans frais. L'exécution fut ensuite commencée, mais bientôt interrompue faute d'argent nécessaire pour faire face aux frais d'exécution ; un commandement et un procès-verbal de saisie sur lequel il fut constaté par l'huissier, sur la demande du saisi, que les meubles saisis n'étaient pas la propriété du débiteur, furent faits les 6 mars et 1er avril 1890 aux frais de la mineure dans le seul but, en exécutant le jugement de 1884, d'interrompre la prescription quinquennale des annuités édictée par l'article 2277 du

Code civil. En 1895 encore le montant des annuités échues depuis 1890 allant être prescrit, et la mineure se trouvant dans l'impossibilité de faire à nouveau l'avance des frais nécessaires à cette procédure d'interruption de prescription et d'exécution de jugement, demanda l'Assistance Judiciaire dans ce double but. L'admission à son bénéfice fut prononcée par décision du bureau d'assistance près le tribunal civil de la Seine à la date du 9 octobre 1895 et ainsi motivée, admission « afin de paiement « d'arrérages de rentes ». Commandement fut fait au sieur Desplats d'avoir à payer la somme représentant le montant des annuités échues dues à la créancière Gouget en vertu d'un jugement sus rappelé ; le receveur de l'enregistrement, auquel les actes de poursuite furent présentés pour l'accomplissement des formalités du visa pour timbre et de l'enregistrement en débet, refusa d'accomplir ces formalités, quoique la décision du bureau d'assistance ayant prononcé l'admission lui ait été notifiée, et menaçant même l'huissier d'une amende personnelle pour défaut de timbre, alléguant pour sa défense que l'Assistance Judiciaire ne pouvait et n'avait pu être accordée pour l'exécution d'un jugement. Sur la réclamation de la créancière, la dame Gouget, adressée contre les agissements du receveur au président du bureau qui avait prononcé l'admission, celui-ci revint sur la décision prise et déclara n'avoir concédé le bénéfice de l'Assistance Judiciaire que dans le but d'introduire une nouvelle demanda en paiement des arrérages échus, mais à seule fin d'en interrompre la prescription ; il déclara en outre que, confor-

mément à l'article 2244 du Code civil, un simple
commandement était suffisant pour interrompre la prescription, celui du 14 décembre 1895 donnait entière satisfaction à l'assisté. Mais remarquons bien que la décision du bureau qui prononçait l'admission portait comme
rubrique « afin de paiement d'arrérages de rentes » et non
« afin de demande en paiement d'arrérages de rentes » ;
il s'agissait donc bien d'obtenir un paiement effectif et non
un jugement de condamnation.

Le bureau d'Assistance Judiciaire de la Seine ayant
rendu une décision susceptible d'aucun recours aux
termes de l'article 12 de la loi du 22 janvier 1851, sauf
toutefois le recours du procureur général, nous ne nous
expliquons pas pourquoi l'administration de l'enregistrement s'est si énergiquement refusée à viser pour timbre
et à enregistrer en débet les actes d'exécution en vue
desquels le bénéfice de l'Assistance Judiciaire avait été
accordé. L'administration de l'enregistrement étant représentée dans la composition des bureaux d'assistance,
ne doit pas, dans la personne de ses agents, interpréter les
décisions de ces bureaux.

Il est regrettable que dans l'espèce qui précède, l'affaire
ne suivit pas son cours normal et que l'assistée n'aie pu
poursuivre l'administration de l'enregistrement et demander en justice l'accomplissement des formalités pour lesquelles elle a été instituée. Aux lieu et place de cette sorte
d'arrangement amiable qui intervint entre l'assistée et le
bureau compétent, un jugement eût été bien nécessaire
pour préciser les droits de l'administration en présence

d'une décision qui lui a été communiquée conformément aux prescriptions de la loi de 1851.

En effet, qu'est-il arrivé ? c'est que l'assistée venant se heurter à l'opposition de l'enregistrement, a reculé, a cédé, n'ayant évidemment pas les ressources nécessaires pour poursuivre devant les tribunaux une administration toute puissante : il était certain aussi que l'Assistance Judiciaire lui eût été refusée pour intenter un tel procès. Ce qui mit ainsi l'assistée à la merci du plus fort, situation dont l'administration de l'enregistrement et des domaines abuse trop souvent, contrairement au but et à l'esprit exclusivement généreux de la loi du 22 janvier 1851.

Les arrérages de rentes se prescrivant par cinq ans, la dame Gouget devra encore, en 1900 en interrompre la prescription, l'Assistance Judiciaire lui sera sans doute accordée à cet effet. N'eût-il pas mieux valu étendre le bénéfice de l'Assistance Judiciaire à l'exécution du jugement de condamnation, ce qui eût évité ces demandes réitérées tous les cinq ans afin d'interruption de prescription, demandes qui ne font qu'éloigner la date du paiement sans en permettre pour le créancier la réalisation impossible faute de ressources suffisantes.

Nous voyons, par cet exposé, que nous pourrions adapter à de nombreux cas analogues, que cette question de l'extension du bénéfice de l'Assistance Judiciaire à l'exécution des jugements ou arrêts a besoin d'être réglementée ; qu'il est nécessaire de réglementer les pouvoirs des bureaux, d'en fixer les limites et de préciser surtout les obligations de l'administration de l'enregistrement en présence d'une décision d'admission rendue par le bureau compétent et suivant les formes prescrites, quel que soit le but de la demande.

Nous allons voir dans un paragraphe final quelles sont les propositions qui ont été faites pour remédier à un état de choses qui fait depuis longtemps l'objet des plus justes critiques.

Section II. — *Etude des vœux et propositions tendant à modifier la loi de 1851 en ce qui concerne l'exécution des jugements.*

Une loi était donc nécessaire pour étendre l'application de la loi du 22 janvier 1851 ; c'est ce qui fut déclaré par M. le Garde des Sceaux en 1857, en réponse à une lettre à lui adressée par les membres du bureau d'Assistance Judiciaire de la Seine, réunis en assemblée générale le 24 mars, et proposant comme indispensable cette extension d'application de la loi de 1851.

Nous avons vu que malgré un jugement du tribunal de Bellac rendu en 1860 et consacrant la thèse que nous soutenons, les bureaux d'Assistance Judiciaire se refusèrent, quoique pris à la lettre les textes ne s'y opposaient pas, à accorder l'Assistance Judiciaire demandée dans le seul but d'exécuter un jugement ; et même dans les cas très rares où l'admission avait été prononcée par les bureaux en vue de l'exécution, l'assisté se trouvait en conflit avec l'administration de l'enregistrement qui s'arrogeait le droit d'interpréter les décisions des bureaux. De sorte que tandis qu'on n'a jamais entendu les officiers ministériels se plaindre d'une condition, désavantageuse il est vrai, mais qui les fait partIciper à une œuvre de justice et d'humanité, nous voyons le trésor, l'Etat, dans la personne de ses agents, critiquer une décision pourtant inattaquable, afin d'éviter l'avance ou plutôt le gain manqué, le *lucrum cessans* des Romains, provenant d'actes qui aboutiraient le plus souvent à une exécution complète ou tout au moins partielle et par conséquent au remboursement intégral des sommes avancées par le trésor et privilégiées.

La loi du 22 janvier 1851, sa discussion et le rapport de M. de Vatimesnil sont absolument muets sur la question qui nous occupe ici ; mais si ce point de vue spécial n'a pas été envisagé lors de l'étude de la loi fondamentale, soit par omission totale, soit volontairement par le législateur de 1851, il n'y a pas là une raison suffisante pour que cet état de choses se perpétue au préjudice des indigents. C'est au législateur qui lui a succédé, et qui ne juge de l'application de la loi que par l'expérience, à combler les lacunes ou à réparer les erreurs de la loi édictée par son prédécesseur.

Des décisions ministérielles, peut-être contraires au texte de la loi de 1851, mais à coup sûr conformes à son esprit, sont venues étendre le bénéfice de l'Assistance Judiciaire à l'exécution des jugements, dans certains cas, tels qu'en matière de séparation de biens, et à certains actes d'exécution, tels que la transcription du jugement

de divorce sur les registres de l'état 'civil, nous n'y reviendrons pas.

Rappelons en outre la loi du 7 août 1850, antérieure de
quelques mois seulement à la loi de 1851, qui accorde
l'Assistance Judiciaire en matière de procédure devant les
conseils de prud'hommes, tant pour l'obtention du jugement que pour son exécution.

Tous ces vœux et desiderata, toutes ces critiques, lois et
décisions, auraient dû être un stimulant et provoquer l'éclo-
sion plus rapide d'une loi d'extension de la loi de 1851.

Voyons donc maintenant ce qui fut fait dans ce sens.

I. — AMENDEMENT JULES FAVRE. — La question d'une réforme à apporter à la loi du 22 janvier 1851 sur l'Assistance Judiciaire fut portée pour la première fois à la tri-
bune du Sénat en 1878, par Jules Favre, non pas au sujet
de l'exécution des jugements, mais à propos et au cours
même de la délibération de la loi sur l'aliénation des valeurs mobilières appartenant à des mineurs ou interdits.
M. Denormandie, rapporteur de la loi, concluait à ceci :
qu'une délibération du conseil de famille était toujours
nécessaire pour procéder à cet acte important, mais que
l'homologation de cette délibération n'était requise que
lorsqu'il s'agissait de l'aliénation de valeurs mobilières
excédant 5 000 francs.

Jules Favre intervint alors, proposant un amendement
par lequel il demandait que l'homologation par le tribunal
fût toujours exigée, mais que l'Assistance Judiciaire fût
accordée à ceux dont la situation pécuniaire comporterait
ce soulagement. Le célèbre orateur partait de ce point de

vue qu'en matière d'aliénation de valeurs mobilières appartenant à des incapables, il y avait toujours lieu à homologation, mais il ne s'expliquait pas la distinction établie par le rapporteur entre l'aliénation des valeurs mobilières suivant leur taux; et, bien au contraire, il pensait justement que c'étaient les aliénations mobilières de peu de valeur qui demandaient le plus de garantie et qui méritaient le mieux d'être protégées; d'ailleurs, si l'on craignait pour le mineur peu fortuné que trop de frais fussent encourus pour cette homologation, il fallait le faire bénéficier de l'Assistance Judiciaire. Jules Favre s'écartant alors un peu de la question qui lui était soumise, mais s'en accusant lui-même, et déclarant vouloir fixer l'attention du Garde des sceaux sur un point, profita de cette relation de sujets pour réclamer, à l'imitation des législations de la Suisse, des Etats-Unis et de la Prusse, une tutelle des indigents. Et il expliquait, nous nous éloignons un peu de notre sujet mais nous ne pouvons passer complètement sous silence ce discours de Jules Favre, il expliquait, disons-nous, que les mineurs et interdits indigents sont, en effet, le plus souvent livrés à eux-mêmes; qu'ainsi, conformément aux articles 405 et 406 du Code civil, à défaut de père ou de mère, de tuteur choisi par eux, ou d'ascendants mâles, il doit être pourvu par un conseil de famille à la nomination d'un tuteur au mineur non émancipé; que ce conseil de famille sera convoqué soit sur la réquisition et à la diligence des parents du mineur, de ses créanciers ou d'autres parties intéressées, « soit même d'office « et à la poursuite du juge de paix du domicile du mi-

« neur. » Or, dans l'état actuel de notre législation, les personnes intéressées ne provoquant pas la réunion du conseil de famille afin de nomination d'un tuteur au mineur ou à l'interdit, le juge de paix ne la provoque presque jamais d'office, et il arrive, surtout à Paris et dans les grandes villes, que les mineurs indigents restent sans conseils de famille, et par suite sans tuteurs. Cet état de choses peut amener un résultat souvent désastreux parfois au point de vue pécuniaire, au cas, par exemple, de succession dévolue au mineur et non recueillie, mais surtout au point de vue moral. Or, nous dit l'orateur, l'Etat, ayant à sa charge la protection et la défense des indigents, devrait, en conséquence, garder par devers lui, ou du moins assurer la tutelle des mineurs ou indigents incapables, et voici le système qu'il proposait : le bénéfice de l'Assistance Judiciaire serait accordé pour la constitution de la tutelle de tout incapable indigent, réunion et délibération du conseil de famille, et ce sur la réquisition du juge de paix du domicile de l'incapable adressée au procureur de la République de l'arrondissement.

A l'amendement proposé par Jules Favre, il fut répondu qu'il aurait pour résultat de troubler les habitudes de l'Assistance Judiciaire ; ce à quoi l'orateur répliqua en ces termes : « L'Assistance Judiciaire a pour mission de pro-
« téger les droits des indigents sous quelque forme que ces
« droits se présentent, et je ne sache pas que ce soit pour
« elle un grand trouble, une inquiétude qui doive nous
« arrêter que d'examiner, quand il sera opportun, sur la
« demande du juge de paix, d'accorder l'Assistance Judi-

« ciaire, pour les frais de délibération et d'homologation,
« d'autant plus que le vice de la loi que je citais tout à
« l'heure (application de la loi de 1851 aux questions con-
« tentieuses et non gracieuses) a été réparé par d'autres
« parties de notre législation (1) ». Et l'orateur mentionne
alors les lois si larges d'application des 7-14 août 1850 sur
la procédure devant les conseils des prud'hommes, celle
des 16-18 décembre 1851 édictée dans le but de faciliter le
mariage des indigents.

Posant donc en principe que la loi fondamentale du
22 janvier 1851 est incomplète, Jules Favre demande que
son bénéfice en soit étendu à la juridiction gracieuse,
dans les attributions de laquelle rentre la matière de la
tutelle des indigents incapables.

L'amendement ainsi proposé fut dès lors repoussé : il
méritait, en effet, qu'on s'y arrêtât plus longuement, et
eût dû faire à lui seul l'objet d'une discussion et d'un projet de loi tendant à faire voter l'extension réclamée à l'application de la loi de 1851.

Cette tentative de réforme de l'Assistance Judiciaire proposée par le législateur ne reçut pas au Sénat l'accueil
qu'elle méritait ; on se déclara satisfait de l'institution
telle qu'elle fonctionnait et on ne voulut pas en troubler le
fonctionnement en y apportant des modifications, des
extensions que la nécessité et la logique commandaient.

Nous allons voir maintenant, revenant, après cette
courte digression sur la tutelle des indigents, au sujet spé-

______

(1) *Journal Officiel*, 25 mai 1898, p. 5721. Sénat. Séance du 24 mai 1878.

cial de cette étude, nous allons voir, disons-nous, qu'il en fut de même lorsqu'on proposa d'étendre le bénéfice de la loi de 1851 aux actes d'exécution des jugements.

II. — PROJET EMILE BROUSSE ET LOUIS BLANC. — Une proposition de loi ayant pour objet certaines modifications à apporter à la loi du 22 janvier 1851 fut présentée à la Chambre des députés par MM. Emile Brousse et Louis Blanc, le 27 mai 1882 (1), pour éviter les lenteurs auxquelles étaient soumises d'abord les demandes d'Assistance Judiciaire, puis les affaires pour lesquelles le bénéfice de l'Assistance Judiciaire avait été concédé. Le projet imposait au bureau un délai d'un mois pour statuer sur la demande, la comparution devant le bureau d'Assistance Judiciaire tenant lieu de préliminaire de conciliation, et un mois au tribunal compétent pour rendre un jugement sur le fond de l'affaire. Cette proposition modifiait aussi la composition du bureau ; devant les justices de paix et en matière d'accidents le président du bureau devrait, sans convoquer ses collègues et dans les huit jours de la demande, accorder ou refuser l'assistance sollicitée ; le bureau devait être composé de trois membres seulement : un délégué du préfet, un délégué du conseil général, et un des membres désignés par la loi de 1851 et choisis par le tribunal.

Nous ne discuterons pas le mode de composition de ce bureau, dans lequel ne figure pas un délégué de l'administration de l'enregistrement.

(1) *Journal Officiel*, annexes, 1882, n° 884. Chambre des députés. Séance du 27 mai.

Enfin, cette proposition de loi étendait le bénéfice de l'Assistance Judiciaire à l'exécution des jugements obtenus ; l'article 20 du projet imposant aux greffiers, à peine de 10 francs d'amende, l'obligation de transmettre dans le mois au receveur de l'enregistrement un extrait du jugement de condamnation ou l'exécutoire des dépens.

III. — Proposition de loi Million-Perras-Bugat, etc. — A peu près à la même époque un projet de loi fut déposé à la Chambre des députés, le 1er juin 1882, par MM. Louis Million, Perras, Bugat, Antonin Dubost, etc... dans le but d'organiser et de faire fonctionner l'Assistance Judiciaire devant les justices de paix. Le rapporteur commençait par combattre la lenteur apportée à l'obtention d'une décision sur la demande en Assistance Judiciaire, puis envisageant la question de l'exécution des jugements de justice de paix, il s'exprimait en ces termes qui méritent d'être rappelés ici : « Un très grand nombre de décisions « demeurent forcément inexécutées à raison, d'une part, « du refus, très légitime d'ailleurs, des huissiers de si- « gnifier des commandements, de pratiquer des saisies, etc., « sans être couverts au moins de leurs déboursés, et, d'au- « tre part, de l'impossibilité où se trouve le créancier de « faire les avances qui sont exigées de lui. Or, en justice « de paix où la procédure est sommaire et relativement « très peu coûteuse, ce sont les frais d'exécution, le com- « mandement, la saisie, la vente du mobilier, qui sont les « plus considérables ; comment veut-on que l'assisté qui « ne pouvait payer à l'huissier le coût d'une simple cita- « tion puisse faire l'avance de ces frais ? Il en résulte que

« quand la partie condamnée ne s'exécute pas volontaire-
« ment, le jugement obtenu reste lettre mortè, ainsi que
« nous venons de le dire, et que l'Assistance Judiciaire
« accordée au début de la poursuite est sans effet utile
« pour le créancier (1) ». Nous ne pouvons que nous ranger
à l'avis si nettement exprimé par le rapporteur, qui nous
montre bien que l'Assistance Judiciaire est une charge
pour l'Etat qui ne constitue pas un bénéfice sérieux pour
l'assisté. Et ceci est également vrai, comme nous l'avons
démontré lorsqu'il s'agit non plus des jugements de justice de paix, mais encore des jugements des tribunaux civils ou des arrêts de la Cour, quoiqu'il ne soit plus vrai de
dire que les frais nécessités pour l'exécution de ces décisions judiciaires soient inférieurs à ceux nécessaires à
leur obtention. Et l'article 8 du projet de loi eût été dans
ses termes généraux applicable également à la procédure
suivie devant les tribunaux civils de première instance ;
il est, en effet, ainsi conçu : « Dans les matières conten-
« tieuses, l'assisté jouit du bénéfice de l'Assistance Judi-
« ciaire non seulement pour obtenir jugement, mais en-
« core pour la notification et l'accomplissement de tous
« les actes et formalités relatifs à l'exécution ». Extrait du
jugement serait transmis à cet effet par le greffier au receveur de l'enregistrement dans les trente jours de sa
date, à peine de cinq francs d'amende.

Disons encore, avant d'abandonner ce projet, que pour

____

(1) *Journal Officiel.* — Annexes 1882, n° 902. Chambre des députés.
Séance du 1er juin 1882.

remédier aux lenteurs des bureaux, s'agissant de statuer sur la demande, il proposait, reprenant l'amendement Chouvy de 1851, de donner au juge de paix, pour les affaires gracieuses et celles jugées par lui en dernier ressort, le droit de concéder lui-même le bénéfice de l'Assistance Judiciaire au postulant sur sa demande ; et pour les affaires susceptibles d'appel, il proposait la création d'un bureau de canton composé du juge de paix, d'un des suppléants, du maire et du receveur d'enregistrement, l'indigence pouvant être établie devant ce bureau par un certificat du maire de la commune, du domicile de l'indigent.

Dans son rapport fait au nom de la Commission chargée d'examiner la proposition de la loi de MM. Louis Million et Remoiville sur l'organisation de l'Assistance Judiciaire devant les justices de paix, M. Louis Million (1) fit remarquer que la loi de 1851 favorisait les cantons situés près du chef-lieu d'arrondissement, siège du tribunal et aussi du bureau d'Assistance Judiciaire. Nous répondrons à cela que le postulant indigent n'a nullement besoin de se transporter près du bureau pour faire sa demande, puisqu'elle pourra être transmise par lui directement avec franchise du port de lettre ou par le maire de sa commune au procureur de la République. Il faut cependant considérer que souvent l'indigent sera appelé en personne devant le membre du bureau rapporteur sur sa demande pour lui fournir des renseignements et que toujours,

_____

(1) *Journal Officiel*. Annexes 1878, n° 2898. Chambre des députés. Séance du 5 juillet 1888.

d'après la loi de 1851, il sera convoqué conjointement avec son adversaire devant le bureau compétent qui tentera une conciliation. Ce ne sont pas là des motifs suffisants pour créer au canton un bureau d'Assistance Judiciaire.

Une raison plus déterminante est celle-ci : on a prétendu que les demandes d'Assistance Judiciaire relatives à des affaires relevant de la compétence des juges de paix étant portées devant les bureaux d'arrondissement, ceux-ci se trouvent encombrés, ce qui est une cause certaine de la lenteur apportée par les bureaux à rendre leurs décisions. Le rapporteur de ce projet de loi affirme, en effet, qu'à Paris 600 demandes concernant des affaires de justice de paix auraient été portées en une année devant le bureau de la Seine.

Il y a bien là, il faut le reconnaître, une cause des lenteurs apportées aux décisions des bureaux, lenteurs qui pourraient être facilement évitées en donnant au juge de paix, ou plutôt à un bureau de canton, car en donnant ce pouvoir au juge de paix nous retomberions dans une objection déjà faite au sujet du ministère public, savoir que le juge de paix en décidant de la question d'assistance préjugerait le fond de l'affaire, le pouvoir de statuer séance tenante ou à très bref délai sur l'admission ou le rejet de la demande en Assistance Judiciaire. Ce bureau cantonal pourrait être composé du juge de paix ou de son suppléant, du receveur d'enregistrement, d'un notaire et du maire ou d'un conseiller municipal.

Abandonnant ce point de vue qui s'écartait un peu du sujet qui nous occupe plus spécialement, le rapporteur, se

plaçant toujours en présence d'affaires soumises à la juridiction des juges de paix, aborde la question tant débat-
tue de l'exécution des jugements avec le secours de l'Assistance Judiciaire.

Aux objections qui étaient d'usage, à savoir : que les
modes d'exécution étaient fort différents et variaient suivant les cas, qu'ils étaient d'une efficacité différente suivant les circonstances, qu'il fallait se garder d'encourager
des procédures inintelligentes et frustratoires pour le
Trésor, M. Million répondait, pour parer à ces difficultés
évidentes en proposant de donner au bureau compétent le
droit d'exercer un contrôle sur les moyens d'exécution
sollicités et de n'autoriser que ceux qui seraient susceptibles de conduire à un résultat positif. L'article 8 du projet
de loi était ainsi conçu : « Dans les matières contentieuses
« l'assisté jouit du bénéfice de l'Assistance Judiciaire non
« seulement pour l'obtention du jugement, mais encore
« pour sa signification. Lorsqu'il s'agit d'exécution, si la
« décision du bureau sur laquelle a été poursuivie l'ins-
« tance n'a pas prévu d'acte d'exécution, l'assisté devra se
« pourvoir devant le bureau, qui déterminera nommé-
« ment les actes d'exécution pour lesquels l'assistance lui
« sera accordée. »

Enfin ce même rapport conclut à l'admission régulière
au bénéfice de l'Assistance Judiciaire pour les affaires de
juridiction gracieuse. En effet, la loi de 1851 n'envisageant
la protection des indigents en justice qu'en présence de
droits plus ou moins contestés, il était indispensable de
donner à la loi cette extension qui s'imposait, en octroyant

aux bureaux, par un texte formel, le droit d'admettre les indigents à l'Assistance Judiciaire en matière de juridiction gracieuse.

Déjà par une lettre du Garde des sceaux adressée, le 18 septembre 1862, au procureur général près la Cour d'appel d'Angers, celui-ci avait déclaré que l'Assistance Judiciaire pouvait être accordée en vue de la nomination d'un tuteur ou d'un subrogé-tuteur à un mineur indigent. Les bureaux d'assistance en présence de semblables demandes étant encore hésitants, il fallait qu'une loi vint leur conférer un droit qu'ils ne voulaient s'arroger. C'eût été un pas fait en avant vers l'organisation tant souhaitée de la tutelle des indigents incapables.

Cette loi était, il faut bien le faire observer, spéciale aux affaires relevant de la compétence des juges de paix ; mais si elle avait été discutée et votée, il est certain qu'une disposition de loi serait venue immédiatement étendre par analogie l'Assistance Judiciaire à l'exécution des jugements et arrêts des tribunaux civils de première instance et d'appel. L'essor une fois donné, la loi du 22 janvier 1851 eût reçu sans aucun doute l'étendue d'application et la généralisation qu'elle comportait.

IV. Proposition de loi chollet. — Le 22 décembre 1891 (1) une proposition de loi ayant pour but de hâter la solution des affaires d'Assistance judiciaire pendantes devant les tribunaux fut déposée par M. Chollet, député.

____

(1) *Journal Officiel*. Annexe 1891, n° 1836. Chambre des Députés. Séance du 22 décembre 1891.

sur le bureau de la Chambre. L'auteur de ce projet préten-
dait à bon droit, suivant ses propres expressions, « qu'une
« justice trop lente, pour les déshérités de la fortune sur-
« tout, devient une véritable injustice » ; il demandait
qu'un délai de quinze jours fut assigné aux bureaux pour
rendre leurs décisions, et que les affaires d'assistance su-
bissent un rôle spécial et plus rapide devant les tribunaux.
Enfin en ce qui touche notre question d'exécution des jugements, l'article 4 du projet était ainsi conçu : « Le bé-
« néfice de l'Assistance Judiciaire accordée pour une
« instance s'étendra à tous les incidents de procédure
« de l'affaire et même à l'exécution des jugements et
« arrêts ».

IV. — Proposition de loi Engerand, Tony Révillon et
du Saussoy. — Cette proposition, présentée devant la
Chambre des députés le 7 juillet 1892 (1), avait également
pour objet de faire juger à bref délai les affaires d'Assistance Judiciaire présentant un caractère d'urgence. Nous
ne nous y arrêterons pas.

Déjà à la séance du 4 juin 1892, M. Ricard, alors ministre
de la justice, proposait un remède pour le tribunal de la
Seine ; et dans son exposé des motifs, il disait : « Et ce-
« pendant partout les mêmes inconvénients sont signalés ;
« partout on rencontre de malheureux vieillards de 70
« ou même de 80 ans qui attendent depuis des années un
« morceau de pain que leurs enfants leur refusent et que

(1) *Journal Officiel.* Annexes 1892, no 2268. Chambre des députés.
Séance du 7 juillet 1892.

« la justice met des délais interminables à leur accorder.
« Partout on rencontre de braves ouvriers qui, victimes
« d'accidents dans leur travail, se voient réduits à accepter,
« de la part de leurs patrons ou des compagnies qui les
« emploient, des indemnités dérisoires, plutôt que de
« mourir de faim en attendant une décision judiciaire
« qui ne leur est accordée qu'après des années d'attente,
« au milieu des plus cruelles privations pour eux et leur
« famille. » Et le Garde des Sceaux, après ce tableau pris
sur le vif de la situation faite par l'Assistance Judiciaire
et les tribunaux à quelques indigents, proposait qu'on fît
venir en tête du rôle des tribunaux civils les affaires
d'Assistance Judiciaire ayant trait aux demandes de pensions alimentaires, de dommages et intérêts pour accidents de travail, et aux affaires urgentes.

Disons de suite que de toutes ces propositions qui répon-
daient pourtant si bien aux besoins pressants des indigents, aux vœux des hommes de lois et à l'esprit autant
qu'au but de la loi de 1851, aucune n'a été prise en considération, soit qu'on n'en ait pas reconnu à première vue
l'impérieuse nécessité, soit que des projets plus anciens
aient attendu la discussion, soit enfin qu'on n'ait pas voulu
porter atteinte à l'organisation et au fonctionnement de
l'Assistance Judiciaire tels qu'ils avaient été conçus par la
loi du 22 janvier 1851.

Mais s'il est vrai de dire, et nous le reconnaissons, que
cette loi de 1851 ait créé une institution bonne en principe, il ne s'ensuit pas évidemment qu'une telle loi ne soit
pas suceptible de perfectionnement ni de la moindre

amélioration. Il nous semble que si cette loi est restée muette tant sur la question de l'exécution des jugements que sur celle des affaires relevant de la juridiction gracieuse, c'est assurément que le législateur n'a pu embrasser dans leur ensemble tous les points qu'il devait envisager et qu'il incombe aux législateurs qui lui succèdent la mission de combler les lacunes, de réparer les omissions de la loi de 1851, dans la mesure du possible.

Nous allons voir maintenant, relativement à l'exécution des jugements si et comment, il était possible de remédier au silence de la loi de 1851 sur ce point.

Nous avons vu, en effet, que dans certains cas déterminés et par des décisions spéciales, le bénéfice de l'Assistance Judiciaire avait été étendu à l'exécution de certains jugements ou seulement à certains actes d'exécution ; la nécessité de cette extension avait été reconnue exceptionnellement, il fallait la généraliser. Mais pour arriver à ce résultat, on devait lutter contre l'opposition représentée par le ministre des finances et l'administration de l'enregistrement, qui voyaient dans l'état de choses préexistant une source, faible il est vrai, de revenus, et le moyen d'éviter des avances qui auraient pu être faites en pure perte. Une circulaire du ministre des finances du 29 avril 1853 limitait en effet, ainsi qu'il suit, la dispense des droits de timbre et d'enregistrement pour les actes de procédure postérieurs au jugement : « Le bénéfice de la loi de 1851 « s'applique aux actes de signification des jugements ou « arrêts et aux divers actes de poursuite tendant à provo- « quer l'opposition aux jugements ou arrêts par défaut

« ou en cas de non opposition à faire courir le déla[i]
« d'appel ou du pourvoi en cassation. » C'était donc,
hormis l'acte de signification, refuser la dispense des
droits de timbre et d'enregistrement aux actes d'exécution
des jugements contradictoires.

Nous avons vu la résistance opposée encore actuellement par l'administration de l'enregistrement, même en
présence d'une décision d'un bureau compétent concé-
dant à l'indigent le bénéfice de l'Assistance Judiciaire en
vue seulement de l'exécution d'un jugement.

Il fallait donc, nous le répétons, une loi qui vint étendre
l'application de la loi de 1851 et limiter ainsi les droits
tant des bureaux que de l'administration ; et cette réforme
avait paru particulièrement nécessaire, s'agissant de jugements accordant des pensions alimentaires ; or, devant les
tribunaux de première instance, le nombre des demandes
de pensions alimentaires ayant abouti à des condamnations au profit d'indigents assistés était, d'après la statis-
tique du ministère de la justice, de 1 242 en l'année 1891 ;
à ce chiffre, il y a lieu d'ajouter celui plus considérable
de 4576 divorces et de 959 séparations de corps (1), instances dans la plupart desquelles il y a eu condamnation
soit par jugement, soit par ordonnance de non-conciliation au paiement de certaines sommes à titre de pension
alimentaire ou de provision *ad litem*, ce qui porte en un an
à 6 500 environ le nombre des jugements emportant con-

____

(1) *Compte général de l'administration de la justice civile et commerciale
en France*, 1891, p. 163.

damnation au paiement de pension alimentaire. Si l'on pense que la plupart de ces jugements ne peuvent recevoir leur exécution faute de ressources de la part de ceux au profit de qui ils ont été rendus, nous voyons quelle portée pratique aurait la réforme que nous sollicitons ; sans oublier que, pour tous les jugements sans exception, si notre réforme est moins pressante, elle n'en est pas moins nécessaire et incontestée.

Nous pensons que la lenteur apportée au vote de cette réforme réside dans les difficultés de réalisation pratique. L'exécution d'un jugement peut être en effet poursuivie de bien des façons. Prenons, par exemple, un jugement condamnant le débiteur au paiement d'une certaine somme : le jugement pourra être exécuté par la voie de la saisie-arrêt, de l'hypothèque judiciaire, par la voie de la saisie exécution ou de la saisie immobilière. Si l'Assistance Judiciaire était accordée d'une façon uniforme pour l'exécution des jugements, des abus de toutes sortes se produiraient, soit que l'assisté ayant en main le jugement rendu à son profit l'exécute contre un insolvable aux dépens du trésor, soit qu'il choisisse le mode d'exécution le plus onéreux tout en étant peut-être le moins pratique.

Examinons les systèmes proposés, entre lesquels un choix serait possible après examen et discussion.

Premier système. — *Projet Jules Favre.* — Le bénéfice de l'Assistance Judiciaire serait accordé pour les actes d'exécution des décisions judiciaires par le seul effet de l'admission à l'Assistance en vue de la demande, et s'étendrait sans réglementation ni limitation aucunes à tous les modes d'exécution qui figurent dans notre Code de procédure civile et dans les lois spéciales.

Nous repoussons dès maintenant et sans discussion ce système contre lequel viennent se heurter toutes les difficultés prévues plus haut.

Second système. — *Projet de M. Louis Million.* — L'Assistance Judiciaire serait accordée pour les actes d'exécution prévus par la première décision d'admission rendue par le bureau d'assistance ; si cette décision n'en avait pas prévu, il faudrait avoir recours à une nouvelle demande d'Assistance en vue de certains actes précis d'exécution.

Ce système fut repoussé par la Commission chargée d'étudier la proposition de loi Million, sous ce prétexte que la première partie de l'alternative était impossible en pratique, le bureau qui statue sur la demande ne pouvant prévoir les actes qui seront nécessaires à l'exécution du jugement qui sera rendu bien des mois après ; et que s'il fallait demander l'Assistance Judiciaire à nouveau, spécialement en vue de l'exécution de ce jugement, le système proposé ne serait pas bon, car à raison des lenteurs des bureaux pour statuer l'exécution serait trop retardée pour être efficace.

Nous réservons ce système, car il nous semble qu'il eût été facile de parer au dernier inconvénient signalé en obligeant le bureau, qui d'ailleurs n'avait plus à s'enquérir de l'indigence de l'assisté, ni du bien fondé de sa demande, mais seulement de la solvabilité du débiteur condamné, à statuer dans un très bref délai.

Troisième système. — Ce projet fut adopté par la Commission chargée d'étudier la proposition de loi de M. Louis Million. Il consistait en ceci : l'admission à l'Assistance Judiciaire s'étendrait de plein droit à la signification du jugemeut, ce point n'a jamais été discuté, et à l'inscription hypothécaire prise gratuitement en vertu de ce jugement. Puis, en dehors de ces actes spécialement précisés, c'est le bureau d'assistance qui, statuant sur une nouvelle demande afin d'exécution, autoriserait les modes ou actes d'exécution qu'il croirait appropriés aux circonstances de la cause.

Nous ne comprenons pas pourquoi dans ce système l'admission au bénéfice de l'Assistance Judiciaire emporterait dans tous les cas et sans distinction la dispense du paiement des droits pour l'inscription hypothécaire prise en vertu du jugement rendu au profit de l'assisté. La signification du jugement, au contraire de l'inscription d'hypothèque judiciaire, est une formalité indispensable pour faire courir les délais d'appel ou d'opposition, c'est une mesure préalable à toute exécution, dispensée de tous droits et frais aux termes mêmes de la loi de 1851. Mais il n'en est pas de même de l'hypothèque judiciaire, garantie précieuse pour l'assisté, mais qui, dans bien des cas, sera absolument inutile et frustratoire pour le Trésor ou pour le débiteur, qui devra en obtenir la main-levée au cas de paiement volontaire de sa part.

Nous repoussons donc cette dispense de droits accordée *ipso facto* pour la formalité de l'inscription hypothécaire. Nous étudierons bientôt la question d'appréciation par le bureau d'assistance des actes d'exécution utiles à l'assisté.

QuATRIÈME SYSTÈME. — Ce système propose de donner au tribunal ou au juge, qui a rendu le jugement sur le fond qu'il s'agit d'exécuter, le droit ou plutôt la mission de fixer quels seront les actes d'exécution auxquels s'étendra le bénéfice de l'Assistance Judiciaire, par son seul pouvoir.

Ce système, nous le reconnaissons, offre de grands avantages : il n'apporte aucun retard à l'exécution du jugement, puisque nous supposons que la décision qui statuera sur l'exécution sera rendue en même temps que le jugement sur le fond et figurera même en annexe à ce jugement. En outre, le tribunal qui vient de statuer sera en pleine possession de l'affaire, connaîtra ou pourra facilement connaître la condition des plaideurs, il sera, en un mot, le seul bon juge du mode d'exécution à suivre.

A côté de ces avantages évidents, nous pouvons signaler quelques objections : d'abord, en donnant au tribunal cette mission, il y aurait peut-être là une nouvelle cause de lenteurs dans l'exercice de la justice de Paris, spécialement où les rôles des Chambres sont toujours trop chargés et où le jugement se fait attendre plusieurs mois. En second lieu, l'assisté en possession d'une autorisation de poursuivre ainsi gratuitement son adversaire condamné, s'empressera de faire exécuter le jugement rendu à son profit, et ce avec le secours de l'Assistance Judiciaire, sans tenter préalablement un paiement ou une exécution amiables, qui, dans bien des cas, aboutissent à un résultat positif et qui, dans l'espèce, éviteraient au trésor l'avance de frais. Enfin, un dernier système proposé semble parer à ce dernier inconvénient.

Cinquième système. — L'extension du bénéfice de l'Assistance Judiciaire à l'exécution du jugement rendu serait prononcée en faveur de l'assisté par le président seul ou un des juges ayant siégé lors de la discussion de l'affaire et du prononcé du jugement ; mais seulement après la sentence, ce qui éviterait ainsi un des inconvénients du système précédent, en aggravant l'autre il est vrai, le juge n'accordant, en effet, l'autorisation de poursuivre qu'après s'être assuré que l'exécution amiable avait été tentée vis-à-vis du débiteur. L'avoué chargé d'occuper primitivement pour l'obtention du jugement présenterait requête au président du tribunal ou de la Chambre qui aurait jugé, afin de faire autoriser la partie assistée à poursuivre son débiteur suivant telle ou telle voie d'exécution proposée.

Ce dernier système soutient l'examen, quoiqu'on puisse objecter : que l'avoué, une fois le jugement rendu, n'a plus mission d'occuper pour l'assisté, et que, s'il fallait une nouvelle demande d'assistance et une nouvelle décision pour lui accorder ce pouvoir, ce serait une cause de lenteur considérable apportée à l'exécution du jugement. Que les tribunaux sont assez chargés d'affaires pour qu'on ne vienne pas augmenter encore l'étendue des fonctions de Messieurs les juges en leur imposant l'obligation de s'enquérir de la fortune du débiteur, de tenter une exécution amiable et de rechercher la voie d'exécution applicable de préférence à toutes autres.

Ajoutons encore qu'il fallait imposer à la partie un délai pour présenter requête, mais lequel ? il pouvait se faire, en effet, qu'après un certain délai écoulé, aucun des juges ayant siégé lors du jugement de l'affaire ne fît plus partie du tribunal qui avait jugé ; d'où surgissent des difficultés non prévues, causes de nouvelles lenteurs.

Enfin, comment requérir et qui requierra la taxe des frais faits pour cette exécution, l'avoué n'ayant plus aucun droit ? Comment l'administration de l'enregistrement sera-t-elle avisée de l'extension accordée et des limites déterminées ? Et comme principale et dernière objection, ce système n'est possible que dans les cas où la partie, au profit de qui le jugement a été rendu, a déjà obtenu l'Assistance Judiciaire en vue de l'obtention de ce jugement.

Nous nous trouvons donc, avec un système proposé pourtant séduisant à première vue en présence de difficultés réelles qui sont un obstacle à sa mise en pratique.

Après avoir envisagé les divers moyens proposés pour étendre facilement le bénéfice de l'Assistance Judiciaire aux actes d'exécution des jugements, nous allons maintenant, tirant parti de tous les efforts faits dans ce but, et puisant dans ces différents projets ce que nous avons jugé bon, nous aidant du peu d'expérience que nous avons acquise, exposer ici un système, pour ainsi dire électrique, qui sera le nôtre.

Exposé du système que nous proposons. — Nous avons indiqué plus haut les raisons pour lesquelles nous repoussions sans discussion l'extension sans réglementation aucune de l'Assistance Judiciaire et, dans tous les cas, sans distinction à tous les modes d'exécution prévus par la loi. Nous venons de démontrer comment la mission du juge ou du tribunal, devant lequel seront portées les difficultés relatives à l'exécution, ne peut comporter aisément le soin de choisir la voie d'exécution à autoriser en faveur de l'assisté qui a obtenu un jugement de condamnation.

Le champ ainsi délimité, le seul système qui puisse survivre est celui d'une nouvelle demande d'assistance faite par la partie au profit de laquelle a été rendu le jugement de condamnation au bureau d'Assistance Judiciaire compétent ou, de préférence, et suivant les cas, au bureau qui a prononcé l'admission sur la première demande.

Le mode de fonctionnement que nous proposons serait le suivant :

Supposons, en premier lieu, l'hypothèse la plus probable, celle où la partie qui a obtenu un jugement à son profit avait déjà bénéficié d'une décision d'admission au bénéfice de l'Assistance Judiciaire pour faire sa demande et suivre sur cette demande jusqu'au jugement. L'assisté fera, sur les conseils de son avoué ou de son huissier, une demande d'Assistance Judiciaire en vue de l'exécution du jugement rendu, demande afin de saisie-arrêt, s'il y a lieu, et en déclaration affirmative, demande afin de saisie-exécution ou de saisie immobilière. A cette demande, sera jointe la date de l'admission primitive, pour être adressée au bureau qui a déjà statué.

Quel sera le travail de ce bureau ? il se reportera au dossier primitif de l'affaire, qui établira que l'assisté a déjà

été reconnu indigent ; il devra, par une enquête sommaire
et facile, s'enquérir de la solvabilité du débiteur condamné
et de l'efficacité du mode d'exécution sollicité. Si l'enquête
est favorable, le bureau ou plutôt le rapporteur chargé de
l'affaire, fera comparaître devant lui le débiteur en présence ou non de son créancier, et là une exécution amiable
sera tentée ; si elle aboutit, l'affaire est terminée ; sinon le
créancier, en vertu de son jugement, sera admis au bénéfice de l'Assistance Judiciaire pour exercer spécialement
tel mode ou tel acte d'exécution qu'il plaira au bureau de
fixer à l'assisté. La commission de l'avoué et de l'huissier,
de l'avocat s'il y a lieu, subsisterait, ce qui éviterait ainsi
les retards qu'occasionne le passage du dossier de la
Chambre des avoués à la Chambre des huissiers pour faire
commettre dans chaque affaire un des membres de la
corporation. — Enfin, et pour éviter toute lenteur souvent
préjudiciable à une bonne exécution, il faudrait imposer
au bureau un délai de quinze jours à compter de la demande, pour statuer sur la demande et notifier au receveur de l'enregistrement la décision rendue, grâce à laquelle il ne pourrait plus refuser le visa pour timbre et
l'enregistrement en débet des actes rentrant dans la procédure autorisée par le bureau. Ajoutons aussi que pour
éviter un intermédiaire, cause certaine d'un retard au
moins matériel, la demande de l'assisté serait adressée directement et avec franchise de port au bureau d'Assistance
Judiciaire par l'avoué ayant déjà occupé pour l'assisté ou
par l'huissier.

Supposons en second lieu le cas d'un plaideur qui a ob-

tenu à son profit, mais à ses frais, un jugement de condamnation, et qui veut avoir recours à l'Assistance Judiciaire pour faire exécuter son titre. Il devra former sa
demande conformément aux prescriptions de la loi du
22 janvier 1851, mais par l'intermédiaire de son avoué
ou de son huissier. Dans ces cas de beaucoup les moins
fréquents, nous ne pourrions imposer au bureau compétent un délai aussi court pour statuer que dans les cas
précédents ; car alors le bureau devra se livrer à une enquête sur l'état d'indigence présumé du postulant ; un
délai d'un mois serait nécessaire mais suffisant au bureau pour statuer et faire commettre d'office les officiers
ministériels, de préférence ceux ayant déjà occupé ou
instrumenté pour la partie qui a gagné son procès.

Dans tous ces cas le recouvrement des frais et avances
faits par le Trésor se ferait conformément aux dispositions
de la loi du 22 janvier 1851.

Ce système présente, comme nous allons le voir, de
nombreux avantages : il laisse aux bureaux d'assistance
leurs pouvoirs entiers sans vouloir confier aux magistrats
partie de leurs attributions. De même qu'au début de
l'instance, lors de la première demande d'assistance, le
bureau tente une conciliation ; de même, avant toutes
poursuites, et avant de prononcer l'admission, il tentera
un paiement ou une exécution faits amiablement. Enfin
le délai que nous impartissons au bureau pour statuer
permettra aux indigents d'obtenir une exécution rapide
tout en étant gratuite.

Remarquons encore qu'avec le système que nous proposons on peut obtenir, ce qui n'était pas prévu dans les projets que nous avons étudiés, l'exécution gratuite des jugements ou arrêts obtenus même sans le concours de l'Assistance Judiciaire.

Notons enfin qu'il n'est pas nécessaire d'imposer à la partie actuellement en possession de son titre exécutoire un délai pour en demander l'exécution ; ce délai sera celui de la prescription trentenaire. — En outre, si le mode d'exécution auquel le bénéfice de l'Assistance Judiciaire aura été étendu ou pour lequel il aura été accordé, sans admission antérieure, n'aboutit pas à un résultat satisfaisant, le créancier pourra, en vertu de son jugement, solliciter à nouveau le bénéfice de l'Assistance Judiciaire pour exercer un second mode de poursuite qui lui semble plus susceptible de conduire à une exécution efficace de la condamnation. Ce 'est pas à dire pour cela que l'Assistance Judiciaire lui sera toujours accordée, bien au contraire, le bureau conserve un plein pouvoir d'appréciation.

Tel est, brièvement exposé, le système que nous proposons pour répondre aux besoins des indigents qui se manifestent chaque jour et aux demandes des jurisconsultes. Nous avons cru, en proposant cette réforme, qu'elle sauvegardait à la fois les intérêts de toutes les parties en cause : les intérêts du débiteur, car il ne se verra pas exposé à des poursuites déraisonnables et peut-être préjudiciables à sa réputation et à son crédit ; les intérêts du créancier, objet principal de notre proposition, en lui permettant le recouvrement sans frais de créances parfois modiques

qui auraient pu être absorbées en frais de poursuite ; enfin les intérêts du trésor, en lui assurant contre des poursuites désordonnées et vaines la garantie de la décision
du bureau d'assistance, et en permettant le recouvrement
des frais et avances faits par lui en donnant à sa créance
la qualité de privilégiée.

Nous allons en peu de mots constater que de même que
l'Assistance Judiciaire fut plus tôt organisée dans les législations étrangères qu'en France, de même les réformes
apportées à son fonctionnement apparurent d'abord dans
les pays étrangers.

APPENDICE

DE L'ASSISTANCE JUDICIAIRE ET DE L'EXÉCUTION
DES JUGEMENTS DANS LES LÉGISLATIONS ÉTRANGÈRES

La plupart des lois étrangères ont compris l'institution de l'Assistance Judiciaire, aussi bien au point de vue de l'obtention d'un jugement qu'au point de vue de son exécution, sans qu'aucune difficulté eût été soulevée à cette occasion.

Peut-être aussi n'avons-nous pas voulu accepter, comme nous ne l'accepterions pas maintenant, cette application générale du bénéfice de l'Assistance Judiciaire sans aucune réglementation ni limitation ; mais ce que nous sommes obligés d'admettre, c'est que le principe existe chez nos voisins, et que nous aurions dû le poser aussi, sauf à réserver la question de réglementation.

En Belgique, suivant l'arrêté royal du 26 mai 1824 organisant le bénéfice du *pro Deo*, tel que nous l'avons exposé en faisant l'étude de l'Assistance Judiciaire dans les différents pays, la faveur accordée aux indigents s'étendait

aux actes et poursuites nécessaires à l'exécution du jugement rendu au profit de l'indigent.

En Allemagne, les articles 107 et 108 du Code de procédure civile étendent la concession de l'Assistance Judiciaire, aux actes d'exécution des jugements (1).

Nous rencontrons la même disposition en Italie dans
l'article 4 du décret du 6 décembre 1865 ; nous savons que
l'institution connue sous le nom de *l'advocatura dei poveri*
ou de l'avocat des pauvres, qui avait fonctionné en Italie, a
disparu avec le décret du 6 décembre 1865, qui a repro-
duit presque textuellement, sauf la question de l'exécution des jugements, les dispositions de la loi française du
22 janvier 1851 sur l'Assistance Judiciaire.

Nous ne pouvons entrer, pour rester dans les limites du
cadre que nous nous sommes tracés, dans un examen
complet et détaillé de législation comparée, sur l'Assistance Judiciaire et sur ce point de vue spécial de l'exécution ; nous voulions seulement prouver que la loi française, en étendant le bénéfice de l'Assistance Judiciaire aux
actes nécessaires à l'exécution d'un jugement rendu au
profit d'un indigent assisté, n'eût fait et ne ferait en cela
que suivre la voie qui lui était tracée par les lois étrangères.

(1) *Gode de Procédure Civile*, 30 janvier 1877, liv. I, sec. II, t. VII,
Armenrecht.

CONCLUSION

———————

La nécessité de l'Assistance Judiciaire n'est assurément
pas contestable, la société ayant, parmi ses devoirs les
plus sacrés, celui de subvenir aux besoins matériels des
pauvres ; l'Assistance Judiciaire n'est, à proprement parler, qu'un rameau de l'Assistance Publique dont le principe et l'utilité, consistant, à procurer à l'indigent les
moyens de vivre, n'ont jamais été contestés. De même que
l'indigent a besoin de soins lorsqu'il est malade, de même
il a besoin du secours gratuit de la justice lorsque ses
droits sont méconnus.

La loi du 22 janvier 1851, précédée en France par quelques dispositions particulières et dans la plupart des pays
étrangers par des lois générales, vint enfin combler une
lacune de notre loi et de notre civilisation.

Quoique venue tard et mûrement réfléchie, la loi fondamentale de 1851 sur l'Assistance Judiciaire a fait l'objet
de quelques critiques assez vives que nous avons exposées
au cours de cette étude.

Mais avant de proposer des réformes comme conclusion
à ce travail, il était intéressant de se rendre un compte
exact de la situation faite à l'indigent par la loi de 1851.
Or, l'institution créée par cette loi a fort bien fonctionné si
l'on en juge par le nombre des demandes faites chaque
année à l'Assistance Judiciaire ; ajoutons que sur ce
nombre considérable de demandes beaucoup ont été re-
poussées, soit qu'il n'ait pas été donné suite à la demande,
soit que l'Assistance Judiciaire ait été refusée pour défaut d'indigence suffisante ou pour une prétention reconnue mal fondée, soit enfin que le bureau compétent ait
pu opérer une conciliation entre les parties.

Ceci prouve que les bienfaits réalisés par la loi de 1851
ne sont pas vains, que grâce aux attributions et au choix
réfléchi des membres composant les bureaux, les abus qui
avaient été prévus ont été évités, et que de nombreuses
conciliations ont été ménagées par les bureaux, mettant
ainsi fin à des procès qui, le plus souvent, auraient été
préjudiciables aux intérêts moraux et pécuniaires de l'une
et de l'autre partie et qui auraient été pour le trésor une
source d'avances parfois exposées inutilement et pour les
officiers ministériels commis une perte de temps et souvent même d'argent.

Remarquons aussi que, s'il existe dans la loi de 1851,
comme dans toutes les autres lois, des imperfections, la-

cunes ou omissions, aucune critique n'a été adressée à l'ensemble de la loi, à la composition des bureaux, si ce n'est qu'on a demandé, lors de la discussion seulement, d'y faire figurer un membre du ministère public ; or, nous avons trouvé suffisantes les raisons qu'on a fait valoir en faveur de l'exclusion du ministère public de la formation des bureaux, celui-ci devant conserver sa pleine et entière indépendance pour juger la question au fond.

Le mode de fonctionnement de ces bureaux a également été reconnu bon en principe. Le reproche le plus souvent adressé à ce sujet a été contre la lenteur avec laquelle les bureaux fonctionnaient et rendaient leurs décisions ; différents remèdes ont été proposés pour parer à cet inconvénient, des projets de lois ont été déposés, réclamant la création d'un bureau d'Assistance Judiciaire au chef-lieu du canton, ou donnant au juge de paix lui-même mission et pouvoir de statuer préalablement à la question du fond sur l'admission ou le rejet de la demande d'Assistance Judiciaire. Nous ne repoussons pas cette idée de création des bureaux de canton, nous l'approuvons ; mais pour remédier aux lenteurs apportées par les bureaux à rendre leurs décisions, nous proposerons, comme conclusion sur ce point, la suppression comme intermédiaire obligatoire du procureur de la République, à qui les demandes doivent être adressées, pour être ensuite transmises au bureau d'Assistance de l'arrondissement ; en accordant la franchise du port des lettres et pièces entre les intéressés et les bureaux et inversement, de même que de bureau à bureau on supprimerait un retard souvent de plusieurs jours. Ne pourrait-on pas aussi et toujours dans le même but, imposer aux bureaux l'obligation de rendre leur décision dans le délai d'un mois du jour de la demande ? avoué et huissier seraient commis par leurs Chambres respectives également dans un très bref délai. Enfin, dans le même ordre d'idées, nous émettons cet avis de soumettre dans chaque tribunal les affaires dans lesquelles l'une des parties serait indigente à un rôle spécial, ce qui permettrait, sauf à Paris où ce rôle existe déjà, d'obtenir jugement dans un temps relativement restreint.

Puis ce travail a eu pour objet l'étude d'une double critique non moins violente adressée à la loi de 1851 au point de vue de son étendue d'application :

D'abord on a dit, et avec raison, que l'Assistance Judiciaire ne pouvait être accordée que s'agissant d'affaires relevant de la juridiction contentieuse et non s'agissant de questions de juridiction gracieuse, qui sont en général d'une plus grande nécessité que les premières et qui exigent dans bien des cas l'avance de frais considérables. Nous avons vu que cette critique était fondée, que cette extension de la loi de 1851 à la juridiction gracieuse avait été souvent demandée et avait fait l'objet de certaines propositions de lois. Nous nous associons entièrement à cette réclamation fort légitime et demandons une loi qui vienne purement et simplement étendre l'application de la loi de 1851 à tous les actes de juridiction gracieuse.

En second lieu, et plus spécialement parmi les affaires contentieuses susceptibles d'être suivies par l'une ou l'autre des parties ou par toutes les deux à la fois, avec le concours de l'Assistance Judiciaire, il en est, et la plupart, sauf quelques exceptions que nous avons rencontrées au cours de ce travail, pour lesquelles le bénéfice de l'Assistance Judiciaire ne sera concédé qu'en vue de l'obtention et jusques et y compris sa signification.

C'est sur ce point que nous avons appelé plus particulièrement l'attention du législateur ; car « la justice étant accessible à tous », suivant les propres paroles de M. de Vatimesnil, rapporteur de la loi de 1851, « il ne fallait pas que « l'Assistance Judiciaire dégénérât en vexation pour les « tiers et en surcharge pour les contribuables » (1) ; nous ne comprenons pas comment on a pu faciliter à l'indigent l'obtention d'un jugement sans lui donner les moyens de mettre son titre à exécution. Il y a là, dans la loi de 1851, une lacune que le législateur a trop tardé déjà à combler. On a opposé à l'extension proposée de l'Assistance Judiciaire à l'exécution des jugements des objections et des difficultés qui ne sont ni irréfutables ni insurmontables. La réforme que nous proposons se résume en peu de mots : étendre les effets de l'Assistance Judiciaire jusqu'à l'exécution du jugement, en exigeant de l'assisté ou de la partie qui a obtenu le jugement une demande d'Assistance Judiciaire en vue de l'exécution, et en laissant aux bureaux la faculté de déterminer ou d'autoriser les actes d'exécution que l'indigent qui aura gagné son procès demandera à faire avec le concours de l'Assistance Judiciaire.

(1) Levesque. — *Revue Pratique de droit français*, t. II, 1856.

C'est dans la loi de 1851 elle-même que nous avons cherché les éléments de notre proposition, c'est donc à elle qu'il faudrait avoir recours en cas d'hésitation. Nous avons pensé toutefois que le bureau qui avait statué une première fois sur la demande d'Assistance serait le mieux placé pour connaître de la nouvelle demande afin d'exécution ; que si cette demande concernait l'exécution d'un jugement qui avait été obtenu sans le secours de l'Assistance Judiciaire, cette demande serait en principe régie par la loi de 1851.

Bref, nous avons voulu étendre l'application de la loi du 22 janvier 1851 sans déroger aux règles générales et aux principes qui ont présidé à l'organisation et au fonctionnement de l'Assistance Judiciaire.

Puisqu'il est reconnu, les chiffres sont là pour le prouver, que l'Assistance Judiciaire, institution bonne en elle-même, reçoit de jour en jour un développement plus considérable ; puisque le but de la loi qui était de rendre la justice accessible à tous n'a pas été atteint, l'indigent ne pouvant avec le concours de l'Assistance Judiciaire mettre en mouvement qu'un des rouages de la justice, puisqu'il ne peut aller au-delà de la signification du jugement, les voies d'exécution faisant cependant l'objet de plusieurs titres du Code de procédure civile ; nous demandons, en terminant cette étude, nous faisant l'interprète des pauvres que la loi a cependant voulu soulager, que la loi du 22 janvier 1851, conformément à son esprit de générosité et à son but d'égalité, recevant son champ naturel et légal d'application, soit étendue aux actes relevant de la ju_

ridiction gracieuse et surtout à l'exécution des jugements
et arrêts rendus au profit d'indigents reconnus tels.

BIBLIOGRAPHIE

ACCARIAS. — Précis de Droit Romain, 2 vol.

BOITARD, COLMET-DAAGE et GLASSON. — Leçons de Procédure Civile, 2 vol.

BIOCHE. — *Journal de Procédure.*

BRIÈRE VALIGNY. — Code de l'Assistance judiciaire.

CAMBUZAT. — De l'Assistance judiciaire au point de vue de l'exécution des jugements. (*Revue critique de législation et de jurisprudence*, t. IX, 1880, p. 539).

CRESSON. — Abrégé des usages et règles de la profession d'avocat.

DALLOZ. — Répertoire de Législation et Supplément (*Organisation judiciaire*).

Dictionnaire de l'enregistrement. — (*Assistance judiciaire*).

DORIGNY. — Commentaire de la loi du 22 janvier 1851 et de celle du 10 décembre 1850.

DORIGNY. — De l'Assistance judiciaire.

DU BEUX. — De l'avocat des pauvres.

FUZIER-HERMANN. — Assistance judiciaire.

GARSONNET. — Traité théorique et pratique de Procédure, 7 vol.

GLASSON. — Histoire du Droit et des Institutions de la France, 7 vol.

Garnier. — Répertoire de l'Enregistrement.

Journal des Avoués.

Journal de l'Enregistrement et des Domaines.

Journal Officiel. — Annexes.

Levesque. — De la loi du 22 janvier 1851 et des modifications qu'elle réclame. (*Revue pratique de droit français*, t. II, 1856, p. 116).

Mollot. — Règles de la profession d'avocat.

Monteux. — L'Assistance judiciaire.

Neuville. — Le Parlement royal à Poitiers. (*Revue historique*, t. VI, 1871, p. 1).

Pandectes Françaises. — Assistance judiciaire.

Rouard de Card. — L'Assistance judiciaire et les étrangers en France.

Roux. — De l'Assistance judiciaire et des réformes qu'elle comporte (*Thèse*. Paris, 1896).

Sabatié. — Commentaires de la loi du 22 janvier 1851.

TABLE DES MATIÉRES